众所周知，阅读是成人外语学习者获得语言输入的主要方式。只有加强阅读，增加语言输入量，才能更快地学好一门外语。基于此，如何让学习者有效利用课余时间，通过快乐阅读、随意阅读来促进其语言学习，一直是众多语言教学与研究者所关注的课题之一。

　　令人遗憾的是，适合各种水平汉语学习者阅读需要的汉语分级读物，长期以来一直处于相对短缺的状态。鉴于此，外语教学与研究出版社特意在 2007 年发起并组织编写了本套系列汉语分级读物——《中文天天读》，用于满足各级水平的汉语学习者的阅读需求，让学习者在快乐阅读的同时有效地提高自己的汉语水平。同时，也通过巧妙的关于中国社会、历史、文化背景的介绍与传达，为所有汉语学习者真正开启一扇了解当代中国的窗口。

　　因为《中文天天读》每一册的容量都不太大，且有少量的练习，所以它既可作为学习者的课外读物，也可作为阅读课和读写课的教材。《中文天天读》按语言难度分为五个等级，每级各有不同的分册，可适合不同级别学习者使用。文章字数等具体说明请看下表：

级　别	文章字数	词汇量	篇　目	已学时间
1级	100～150	500	25篇	三个月（160学时）
2级	150～300	1000	25篇	半年（320学时）
3级	300～550	2000	25篇	一年（640学时）
4级	500～750	3500	20篇	二年（1280学时）
5级	700～1200	5000	18篇	三年（1920学时）

为方便更多语种的学习者学习，《中文天天读》将陆续出版英、日、韩、西、德、法、意、俄等十多种语言的版本，学习者可根据情况自选。

《中文天天读》大致有以下几个模块：

1. 阅读前模块——导读。导读主要是一两个跟课文有关的问题，类似于课堂导入，主要是激发学生的兴趣，起到热身的作用（若作为教材使用，教师也可在此基础上扩展为课堂导入语）。

2. 阅读中模块，包括正文、边注词和插图。边注词是对课文生词进行随文对译和解释的一种方式，目的是帮助学习者扫清生词障碍，迅速获得词义。它有助于降低文章难度，保持阅读速度。插图也是《中文天天读》的一大特色。插图中反映的都是课文的核心内容，也经常出现课文中的关键句子。这些都有助于读者"见图知义"，快速理解课文内容。

3. 阅读后模块，包括语言点、练习题和小知识。语言点是对重点词语或结构的简单说明。每个语言点的第一个例句大多是课文中的原句，其他例句的目的是帮助学生"温故而知新"，句子中着力使用已学课文中的生词或者语境。练习题的题型主要有问答题、选择题、判断题、填表题等，都和内容理解有关。《中文天天读》的题量不大，因为过多的练习会破坏阅读的乐趣。小知识中，有的是跟课文内容密切相关的背景知识，读了以后直接有助于课文的理解；有的跟课文有一定关系，是对课文内容的补充和延伸；还有一种则跟课文内容基本无关，属于一般性的中国文化、历史地理知识介绍。

与同类材料相比，《中文天天读》具有以下特点：

1. 易读易懂。"容易些，再容易些"是我们编写《中文天天读》一直持有的理念。对于每篇选文的生词、字数，我们都有严格的控制。我们还通过为边注词、语言点、小知识等配以英、日、韩、西等不同语种译文的方式，方便学习者更好地理解课文。此外，每课均配有与课文、小知识内容匹配的漫画或图片，通过这些关键线索，唤起读者大脑中的相关图式，有效地起到助读的作用。

2. 多样有趣。"兴趣是最好的老师"，我们力求选文富有情趣。选文伊始，我们即根据已有经验以及相关调查，对留学生的需求进行了分析，尽可能保证选文在一定程度上能够投其所好。具体体现在两个方面：（1）话题多样，内容丰富。这样可以保持阅读的新鲜感。《中文天天读》各册从普通中国人的衣食住行、传统风俗与现代生活的交替到中国当代的社会、经济、语言、文化等内容均有涉及，有的还从中外对比的角度叙述和分析，力求让读者了解到中国社会的真实面貌，同时还可以对培养学生的跨文化交际能力起到一定的促进作用。（2）文体多样，形式活泼。《中文天天读》采用记叙文、说明文、议论文、书信、诗歌、小小说等各种文体，不拘一格，让读者了解汉语不同体裁的文章，充分感受中文的魅力。

3．注重实用。选文比较实用，其中不少文章都贴近留学生的生活。有的文章本身就是一些有助于留学生在中国的学习、生活、旅行、工作的相关介绍，可以学以致用。

4．听读结合。《中文天天读》每册均配有相应的CD，读者既可以通过"读"的方式欣赏地道的中文，也可以通过"听"的方式感受纯正的普通话。这两种输入方式会从不同的角度帮助学习者提高汉语水平。

在编写过程中，我们从阅读教学专家、全国对外汉语优秀教师刘颂浩先生那里获益良多；北京外国语大学中国语言文学学院的领导、教授魏崇新、张晓慧、吴丽君欣然担任《中文天天读》的顾问，其他同事也给了我们很多帮助，特别是马晓冬博士提出了许多建设性的意见；外语教学与研究出版社汉语分社的领导和编辑给予本项目大力支持，特别是李彩霞、周微、李扬、庄晶晶、颜丽娜、牛园园五位编辑为本丛书的策划、编写作出了特别贡献；北外中文学院 2006 级、2007 级的 10 多位研究生在选文方面也给了我们很多帮助，在此一并致谢。

欢迎广大同行、读者批评指导，也欢迎大家将使用过程中发现的问题反馈给我们，以便再版时更上一层楼。联系方式：zhuyong1706@gmail.com。

朱　勇

2009 年 1 月

Preface

It is common knowledge that reading is the primary input channel for adult learners of a foreign language. Extensive reading can ensure adequate language input and fast, efficient learning. Therefore, both language researchers and teachers emphasize large amounts of reading in addition to classroom learning.

Regrettably, well designed and appropriately graded reading materials for second-language learners are hard to come by. Aware of the shortage, the Foreign Language Teaching and Research Press initiated in 2007 the compilation of *Reading China*, a series of readers tailored to the diverse needs of learners at different levels of Chinese proficiency. The readers feature fun stories of present-day China, with introductions on Chinese history, culture and everyday life.

This series can be used as in-class or after-class reading materials because every book from the series is brief in content and has a small amount of exercises. There are altogether five levels in the series, each consisting of several volumes. Please refer to the table below for specific data:

Level	Length of Texts (words)	Vocabulary	Number of Texts	Prior Chinese Learning
1	100 ~ 150	500	25	Three months (160 credit hours)
2	150 ~ 300	1,000	25	Half a year (320 credit hours)
3	300 ~ 550	2,000	25	One year (640 credit hours)
4	500 ~ 750	3,500	20	Two years (1,280 credit hours)
5	700 ~ 1,200	5,000	18	Three years (1,920 credit hours)

Other language versions of the series, such as Japanese, Korean, Spanish, German, French, Italian and Russian, will come off the press soon to facilitate the study of Chinese learners with these language backgrounds.

Each book of the series includes the following modules:

1. *Pre-reading—Lead-in.* This part has one or two interesting warming-up questions, which function as an introduction to a new text. Teachers can develop their own class introductions on the basis of Lead-in.

2. *Reading—Texts, Side Notes and Illustrations.* Side Notes provide equivalents and explanations for new words and expressions to help learners better understand the text. This part also keeps the degree of difficulty of the texts within reasonable bounds so that learners can read them at a reasonable speed. Illustrations are another highlight of the series. They help learners take in at a glance the key sentences and main ideas of the texts.

3. *After-reading—Language Points, Exercises and Cultural Tips.* The Language Points part hammers home the meaning and usage of important words and expressions, or grammar points in one of the sentences from the text. Two follow-up example sentences, usually with words, expressions or linguistic contexts from previous texts, are given to help learners "gain new insights through review of old materials". In Exercises, a small amount of questions, choice questions, true or false questions and fill in the blank questions are designed to check learners' comprehension of the texts without spoiling the fun of reading. In Cultural Tips, background information is provided as supplementary reading materials. Some are related to the texts and some are just general information about Chinese culture, history and geography.

Reading China stands out among similar readers because of the following features:

1. *User-friendliness:* "Reading should be as easy as possible", a principle consistently followed by the compilers, through strict control of the number of new words and expressions in each text, the Side Notes, the translations given in Language

Points and Cultural Tips, illustrations and pictures.

2. *Diversity and fun:* The compilers have taken great pains in choosing interesting stories because "interest is the best teacher". We also try to cater to foreign students' reading preferences by analyzing their learning expectations on the basis of our teaching experience and surveys. First, a wide range of topics are included to sustain the freshness of reading. The stories touch upon many aspects of Chinese life. In some cases, similarities and differences between Chinese and foreign cultures are compared and analyzed to give learners a realistic idea about contemporary China and improve their cross-cultural communication ability. Second, different writing genres and styles are selected, such as narrations, instructions, argumentations, letters, poems, mini-stories, etc. In this way, learners can fully appreciate the charm of the Chinese language.

3. *Practicality:* Many texts are closely related to foreign students' life in China and contain practical information about studying, living, traveling and working in China.

4. *Listening materials:* CDs are provided for each book of the series. Integration of audio input through listening and visual input through reading will further improve learning results.

In the course of our compilation work, we have benefited a great deal from the expertise of Mr. Liu Songhao, an expert in teaching Chinese reading and an excellent teacher of Chinese as a second language. Mr. Wei Chongxin, Ms. Zhang Xiaohui, and Ms. Wu Lijun from the School of Chinese Language and Literature of the Beijing Foreign Studies University have served as highly supportive consultants. Quite a few other colleagues at SCLL, especially Dr. Ma Xiaodong, have provided many inspiring suggestions. Our heartfelt gratitude goes to the directors and editors of the FLTRP Chinese Publishing Division, in particular Li Caixia, Zhou Wei, Li Yang, Zhuang Jingjing, Yan Lina and Niu Yuanyuan, for their contribution to the planning and compilation of this series. We also wish to thank more than ten postgraduate students of the years 2006 and 2007 at BFSU for their help in collecting materials.

We would greatly appreciate suggestions and comments from learners and teachers of Chinese as a second language and would accordingly improve the books in the future. Contact information: zhuyong1706@gmail.com.

Zhu Yong

January, 2009

目 录
Contents

1

Hùxiāng bù míngbai
互相不明白
Mutual Misunderstandings

喜欢一个国家可能用一天就够了，了解一个国家却用一生都不够。很多"老外"已经是"中国通"了，但看到中国的很多现象，还是会糊涂。中国人看外国，也是一样。

频繁 (pínfán) *adj.*
frequent

神秘 (shénmì) *adj.*
mysterious

彼此 (bǐcǐ) *pron.*
each other

小伙子 (xiǎohuǒzi) *n.*
 young man

地球很小，就像一个村子。时代发展到 21 世纪，各国人民的交往已经非常频繁，神秘的色彩一天比一天淡，彼此的了解和理解也一天比一天多。可即使这样，"老外"看"老外"，还是经常互相不明白。

十年前，外国小伙子马克还以为中国姑娘都穿旗袍。现在他已经知道，穿旗袍的姑娘有是有，但一般都是服务员。他学会了包饺子，能熟练地用筷子，并且动不动就背上一两首唐诗，他还知道在中国理发时，一般都可以要求免费按摩一会儿肩膀和脖子……总而言之，他觉得自己已经可以说是一位"中国通"了。

不过，这位"中国通"在一位中国朋友小丁家住了几天后，还是忍不住问了小丁一连串的"为什么"：为什么枕头里塞满了一种特殊的麦子皮？床上为什么有一张竹子做的"床单"？为什么清早起床，得把被子叠起来放在床的另一头？为什么在灿烂的阳光下，很多女孩子要一直打着雨伞？为什么防晒霜常常装在小瓶子里，价钱很贵，还经常和一瓶叫做"美白霜"的东西一起卖？

中国朋友小丁哈哈大笑，然后告诉他：枕头里的东西叫做"荞麦皮"，中国人觉得把它放在枕头里软硬适度，冬暖夏凉，枕在上面很舒服。床上的"竹子床单"叫"凉席"，夏天睡在上面非常凉快。自古以来，中国人一般都觉得皮肤越白越漂亮，所以女孩子非常怕晒黑，除了抹防晒霜以外，还要打"阳伞"。

看着马克又是点头，又是摇头，一脸似懂非懂的表情，小

动不动 (dòngbudòng) *adv.*
easily, frequently

按摩 (ànmó) *v.*
massage

麦子 (màizi) *n.*
wheat

叠 (dié) *v.*
fold

灿烂 (cànlàn) *adj.*
bright, brilliant

荞麦 (qiáomài) *n.*
buckwheat

似懂非懂 (sìdǒng-fēidǒng)
seem to understand, but not understand

丁也问了一连串的"为什么":为什么外国人在表达从 6 到 10 的数字时需要两只手一起用?为什么有很多人写字用左手,而且拿笔的姿势千奇百怪?为什么很多外国人骑自行车的时候爱戴头盔?为什么他们从来不认真吃中午饭,经常是一个苹果、几片饼干,或者一个三明治就能代替?为什么外国的商店在周末和节日的时候经常不开门——要知道,在中国,那可是做生意的黄金时间啊!

马克告别小丁家时,已经习惯了荞麦皮枕头和凉席;小丁的奶奶见到马克戴着头盔骑自行车出门也不会惊讶了。说再见时,小丁拍着马克的肩膀说:"只要我们本着求同存异的精神,这些看上去不可思议的事情就不会成为我们交流沟通的障碍,不会影响我们的友谊。"

语言点 Language Points

1. 只要我们本着求同存异的精神，这些看上去不可思议的事情就不会成为我们交流沟通的障碍，不会影响我们的友谊。

   "求同存异"，成语。意思是寻找双方的共同点，并且互相尊重对方的不同意见。

   "求同存异" is an idiom. It means to find common ground, while at the same time respecting different opinions.

   （1）外交部发言人在答记者问时表示，希望中美双方都能多关注两国的共同利益，求同存异，加强两国的合作。

   （2）不同文化、不同民族的人交往时，不可能不存在矛盾，而求同存异就是让人们暂时放下矛盾、共同进步的最好方法。

> 求同存异
> seek common
> ground while
> maintaining
> differences

2. 只要我们本着求同存异的精神，这些看上去不可思议的事情就不会成为我们交流沟通的障碍，不会影响我们的友谊。

   "不可思议"，成语。表示无法理解、无法想象。

   "不可思议" is an idiom. It expresses an inability to understand or imagine.

   （1）随着时代的发展，去美容院的男士也逐渐多了起来，男士美容不再是不可思议的事情了。

   （2）喜欢"日光浴"的外国女孩子，看到中国的女孩子在阳光下打伞，都觉得十分不可思议。

> 不可思议
> unbelievable

练 习 Exercises

1. 选择正确答案。

(1) 这篇文章主要讲了不同国家的（　　）。

    A. 语言　　　　　B. 差异　　　　　C. 经济　　　　　D. 共性

(2) 作者觉得各国人民应该（　　）。

    A. 多问为什么　　　　　　B. 互相不明白

    C. 增加障碍　　　　　　　D. 求同存异

(3) 中国的防晒霜没有的特点是（　　）。

    A. 价钱比较贵　　　　　　B. 装在小瓶子里

    C. 女孩子一般都喜欢买　　D. 常和阳伞一起卖

(4) 符合中国人的习惯或特点的是（　　）。

    A. 重视吃午饭　　　　　　B. 骑自行车时要戴头盔

    C. 每天叠床单　　　　　　D. 按摩时可以免费理发

2. 根据课文内容，完成表格。

	在中国	在你的国家
理发的价钱和服务		
床单、被子、枕头		
皮肤		
吃午饭		
骑自行车		
周末的商店		
表达 6 到 10 的数字时		
写字		

3. 回答问题。

 （1）中国还有哪些事情、现象与你的国家差异较大？

 （2）在中国朋友眼中，你的国家有不可思议的事情吗？

小知识 Cultural Tips

用一只手表示出1—10的数字
Using One Hand to Show Number One to Ten

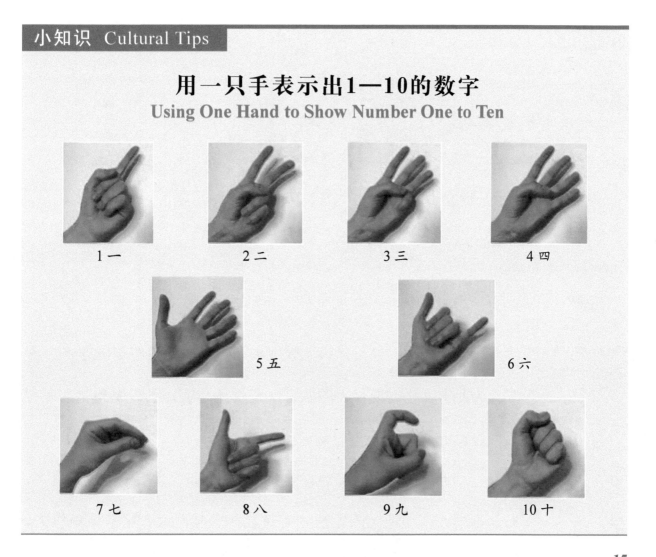

1 一　　2 二　　3 三　　4 四

5 五　　6 六

7 七　　8 八　　9 九　　10 十

2

Jiùjiu　Běijīng　sìhéyuàn
救救北京四合院

Saving Beijing's Siheyuan

经过几十年的发展，北京已经成为一个国际大都市，但一些传统的东西却在逐渐消失，例如四合院。

忽视 (hūshì) v.
disregard, overlook

　　近年来，经济建设加快了城市发展、建筑更新的步子。作为北京文化重要代表的四合院是拆还是留，已经成为北京城市建设中一个无法忽视的问题。

　　世界上许多国家都有自己特殊的建筑文化。中国国土辽阔，不同城市和地区的建筑各有特色，差异巨大。北京历史悠久，在中国几千年的文明中，曾经是多个朝代的都城，四合院就是在明朝和清朝时期形成的。一直以来，它都是中国各地民居中非常有特色的一种。

老北京人也称四合院为四合房，是指由东、西、南、北四面的房子合围起来形成的住宅。清朝的时候，都是一家人住在这里。到了新中国成立前，北京的传统住宅已经发生了很大的变化，居民的住房越来越少，院里的房客越来越多，很多独门独户的四合院开始变成不同人家聚居的大杂院。1949 年以后，由于很多清朝遗留下来的四合院从私人财产变为公共财产，一套四合院里的房子被分给许多家庭，四合院被分割、改建成了普遍现象。

改革开放以后，古老的建筑在不知不觉中渐渐消失，代替它们的是一幢又一幢现代化的楼房。就在北京的那些老胡同、老院子被一群用现代材料组合而成的新建筑吞噬的时候，就在北京从一个世界文明古都向一个现代化国际大都市迈进的时候，老北京那些让人觉得亲切的特征也在迅速消失。除了故宫、颐和园，到处都是高楼大厦，很难再找到古老的痕迹、熟悉的感觉。

朝代 (cháodài) *n.*
dynasty

遗留 (yíliú) *v.*
leave behind

普遍 (pǔbiàn) *adj.*
common

幢 (zhuàng) *m.*
measure word for
houses

吞噬 (tūnshì) *v.*
devour

迈进 (màijìn) *v.*
take a step

痕迹 (hénjì) *n.*
vestige

构成 (gòuchéng) v.
constitute

围棋 (wéiqí) n.
the game of "go"

翻版 (fānbǎn) n.
copy

光辉 (guānghuī) adj.
brilliant

　　北京作为世界文明古都，是由两大部分构成的。第一部分是紫禁城、颐和园等一些昔日的皇家建筑。第二部分则是面积更为广阔的居民区，它是由成片的胡同、四合院组成的围棋棋盘式的结构。如果仅有第一部分，便不是北京。

　　试想，如果绝大部分的胡同和四合院都消失了，你还能找到北京三千多年的历史文化吗？还有什么故事可说吗？只有现代建筑的北京充其量只是东京、纽约的翻版，而北京的民族传统、自我个性、地方特色、人文价值、光辉历史，还能找到吗？

语言点 Language Points

1. 老北京人也称四合院为四合房。

   "称……为……"，固定结构。意思是把……叫做……

   "称……为……" is a set structure. It means "to refer to something as".

   (1) 护士常常被人们称为白衣天使。

   (2) 同样一种东西，在中国常常有不同的名字。例如，中国东北一些地区的人称油条为"大果子"。

   称……为……
   refer to…as…

2. 改革开放以后，古老的建筑在不知不觉中渐渐消失，代替它们的是一幢又一幢现代化的楼房。

   "不知不觉"，成语。形容没有感觉到、没有发现。常做状语。

   "不知不觉" is an idiom. It describes something one doesn't feel or realize. It's often used as an adverb.

   (1) 时间过得真快，不知不觉，我来中国学习已经半年多了。

   (2) 北京的胡同太有趣了，我拿着照相机边走边拍，不知不觉中越走越远，迷了路。

   不知不觉
   unconsciously,
   unwittingly

练 习 Exercises

1. 选择划线词语的意思。

（1）1949 年前，北京传统住宅已经发生了很大的变化。（   ）

　　A. 战争开始　　　　　　B. 老城市改建

　　C. 新中国成立　　　　　D. 朝代变化

（2）第一部分是紫禁城、颐和园等一些昔日的皇家建筑。（   ）

　　A. 过去　　B. 年老　　C. 稀有　　D. 珍贵

（3）只有现代建筑的北京充其量只是东京、纽约的翻版。（   ）

　　A. 可能　　B. 最多　　C. 或者　　D. 完全

2. 根据课文内容，完成表格。

北京四合院的发展变化情况	
明清时期	形成
清朝	
新中国成立前	
1949 年后	
改革开放以后	
现在	四合院是拆还是留，已经成为一个无法忽视的问题 作者认为： 我认为：

3. 回答问题。

(1) 在中国街头，你见过这个标志吗？是什么意思？

(2) 你对保护城市历史原貌有什么建议或看法？

小知识 Cultural Tips

汉语中常用的历史时期
Historical Periods Frequently Used in Chinese

古代人物

中国有这样几个重要的历史时期：

1840 年以前，是古代。

1840 年到 1949 年，是近代。

1949 年 10 月，新中国成立。老人们常说的"解放以前""解放以后"就是以此为界来区分的。

20 世纪 70 年代末，中国开始了"改革开放"，开始打开中国的大门，认识世界，也让世界更加了解中国。所以，中国的报纸、电视上，常常有这样的句子，"改革开放以后，中国的……发展迅速"。

近代人物

China has several important historical periods as follows:

Pre 1840 was ancient times.

From 1840 to 1949 was modern times.

In October 1949, New China was created. The older generation often says "before the liberation" or "after the liberation". This is the point in time they are referring to.

At the end of 1970s, China adopted the policy of reform and opening-up which opened the gate of China to the world, which allowing China to understand the world, and the world to understand China. Thus, in newspapers and on television, this type of sentence is frequently seen: "Since the Reform and Opening-up, China's ... has been developing rapidly".

3

Nǐ shìhé zuò nǎ zhǒng gōngzuò

你适合做哪种工作

What Kind of Job Are You Suited for?

你喜欢你的工作吗？你最想从事什么工作？
下面是一个心理测验，可以帮助你发现真正的自己。

潜力 (qiánlì) *n.*
potential, capacity

谋杀案 (móushā'àn) *n.*
murder case

这个测验的答案没有对错，目的只是看你对哪种工作具有
最大的潜力，帮你更好地认识自己。请用"是"或"否"回答
下面的题目。

第一组：

1. 当你在看一本有关谋杀案的小说时，你常能在作者

揭晓答案前便知道谁是凶手吗?

2．你很少写错字、别字吗?

3．墙上的画挂歪了,你会想着去扶正吗?

4．你宁可读一些散文,也不愿去看小说吗?

5．看过或听过的事情,很久以后你都能清楚地记起来吗?

6．你宁可少做几件事,但一定要做好,也不愿做很多事,每件都做得马马虎虎的吗?

7．你喜欢打牌或下棋吗?

8．你能控制好自己的预算,从不超支吗?

9．你喜欢学习钟表、开关等的工作原理吗?

第二组:

1．你愿意改变一下日常生活中的一些习惯,使自己有更充足的时间吗?

2．闲暇时,你更喜欢参加一些运动,而不愿意看书吗?

3．对你来说,数学不怎么难吗?

4．你喜欢跟比你年轻的人在一起吗?

5．你能列出 5 个以上你自认为够朋友的人吗?

6．对于一般你可以办到的事,你总是助人为乐,不怕麻烦吗?

揭晓 (jiēxiǎo) v.
announce publicly

散文 (sǎnwén) n.
prose, essay

预算 (yùsuàn) n.
budget

超支 (chāozhī) v.
overspend

原理 (yuánlǐ) n.
principle, theory

闲暇 (xiánxiá) n.
leisure, free time

琐碎 (suǒsuì) *adj.*
trivial

谨慎 (jǐnshèn) *adj.*
cautious, prudent

工程师 (gōngchéngshī)
n.
engineer

人力资源 (rénlì zīyuán)
human resources

7. 你不喜欢太琐碎的工作吗？

8. 你看书看得很快吗？

9. 你喜欢交新朋友、去新地方、了解新东西吗？

分别算算第一组、第二组中有几个"是"的答案，然后比较这两组答案。如果第一组中的"是"比第二组中的多，那么表明你能从事要求耐心、谨慎的工作，例如医生、律师、科学家、修理工、编辑、哲学家、工程师等。

如果第二组中的"是"比第一组中的多，那么表明你最大的长处在于能成功地与人交往。适合你的工作包括人力资源管理、顾问、健身教练、出租车司机、服务员、演员、推销员等。

如果你在两组中回答"是"的数量大致相等，那就表明你不但能处理琐事，也能保持良好的人际关系。适合你的工作包括护士、教师、秘书、商人、美容师、艺术家、政治家等。

语言点 Language Points

1. 你宁可读一些散文，也不愿去看小说吗？

   宁可……
   would rather

   "宁可……"，副词。表示在比较两者的利害得失后，选择了"宁可"后的情况。

   "宁可……" is an adverb. It expresses that in a comparison between the pros and cons, gains and losses of two things, the item appearing after 宁可 is preferable.

   （1）很多女孩子宁可不吃饭，也要保持苗条的身材。

   （2）父母宁可自己吃苦受累，也不愿让孩子输在起跑线上。

2. 对于一般你可以办到的事，你总是助人为乐，不怕麻烦吗？

   助人为乐
   pleasure from
   helping others

   "助人为乐"，成语。意思是很愿意帮助别人，把帮助别人作为自己的快乐。

   "助人为乐" is an idiom. It expresses a willingness to help other people, and regarding helping others as a source of personal happiness.

   （1）最大的满足就是让别人快乐，这就是助人为乐的精神。

   （2）如果人人都能做到助人为乐，世界将变得更美好。

练习 Exercises

1. 选择正确答案。

　　（1）工程师（　　）

　　（2）美容师（　　）

　　（3）健身教练（　　）

　　　　A. 小心、谨慎，愿意从事琐碎的工作

　　　　B. 能很好地处理人际交往

　　　　C. 既能处理琐事，又有良好的人际关系

2. 根据课文，下面三种人分别适合什么工作？

　　（1）很少写错别字。能计划好、安排好自己的收入和支出，不会一到月底就没钱。记忆力比较好。（　　）

　　（2）喜欢认识新朋友。乐于改变生活中的老习惯。看书看得比较快。（　　）

　　（3）看关于谋杀案的小说能很快猜出谁是凶手。为了把事情做好，宁可少做几件事，也不想马虎。擅长数学。朋友很多。（　　）

　　　　A. 健身教练　　　B. 修理工　　　C. 政治家

3. 回答问题。

　　（1）你觉得这个测验准吗？为什么？

　　（2）你最希望从事的工作是什么？为什么？

　　（3）如果想从事你最喜欢的工作，你还欠缺什么能力？打算怎么努力？

消失的旧职业
The Disappearance of Old Professions

　　随着时代的发展，旧的职业不断被淘汰，新的职业不断产生。抄写工曾经是读书人的热门职业，但是电脑的普及取代了这个职业；网络的流行使得电报员这一职业也逐渐消失……还有部分旧职业，改变了称呼："理发员"成了"美发师"，"炊事员"升级为"厨师"或"营养配餐师"，"保姆"改叫"家政服务员"……这并非简单的称呼改变，它反映了以前的传统职业的丰富与提高，反映出中国经济、社会的发展和进步。

Following the developments of each era, older professions are continually being washed out, and new professions are continually being created. Transcription used to be one of the most popular professions for educated people, but now the presence of computers has overwritten the need for this profession. The popularity of the Internet has caused the profession of the telegraph operator to slowly disappear. There are also older professions which have changed names: "理发员" (barbers) have become "美发师" (hair stylists), "厨师" (cooks) have become "营养配餐师" (nutritionists) and "保姆" (nanny, house keepers) are all called "家政服务员" (housework servants). This is not simply just a change in name, it reflects developments of professions from the past, and reflects the progress of China's economy and society.

4

"80 后" 房奴
"Post 80s" Slaves to Housing

"80 后"一般指的是 1980 年至 1989 年间出生的人，如今大部分"80 后"都到了该结婚的年纪，很多人因为买房花了太多的钱，而且每个月还在不停地还钱，所以他们看上去不像是房子的主人，更像是房子的"奴隶"。

啃 (kěn) *v.*
nibble, gnaw

无奈 (wúnài) *adj.*
without choice or other option

不知不觉中，"80 后"、"月光族"、"房奴"、"啃老族"成了现在流行的词。这些词在词典中找不到解释，但却以惊人的速度流行，并被人们普遍接受。这些词又往往联系在一起，说出了很多年轻人生活的无奈。

"80 后" 一般指的是 1980 年至 1989 年间出生的人。他们大多刚刚开始工作，没什么积蓄，而且有的人每个月挣多少，花多少。到了月底，一个月的工资就花完了，成了"月光族"，连基本生活都成问题，更不用说买房子结婚了。

大部分"80 后"的年轻人如今都已经到了结婚的年龄。在中国人的传统观念里，"安居乐业"十分重要，如果没有房子，很多人都会觉得没有安全感、不稳定。所以，在新婚时住上一套属于自己的房子，差不多是每个年轻人的梦想。同时，人们还存在这样一种消费心理：同学、同事家的房子都比自己的房子大，地段都比自己的好，就会觉得没面子。这种来自旁人和社会的压力虽然看不到、摸不着，却是十分巨大的。很多人正是在这种社会性消费习惯与消费心理的作用下，不知不觉地成为了"房子的奴隶"，无奈地选择了一种被称为"房奴"的生活：第一，为了买房子，向银行贷款几十万；第二，用每个月工资的 30% 到 50% 来还贷款，还款时间少则 10 年，多则 30 年；第三，因为每个月要还贷款，自己必须有稳定的收入，所以不敢换工作，更怕失去工作。因此，已经有人开玩笑说，中国最大的老板就是银行，大家都是在给银行打工。

积蓄 (jīxù) *n.*
savings

稳定 (wěndìng) *adj.*
stable

消费 (xiāofèi) *v.*
consume

面子 (miànzi) *n.*
reputation, face

摸 (mō) *v.*
touch

贷款 (dàikuǎn) *v.*
obtain or grant a loan

幸运 (xìngyùn) *adj.*
fortunate, lucky

赞助 (zànzhù) *v.*
sponsor, support

利息 (lìxī) *n.*
interest (banking)

远郊 (yuǎnjiāo) *n.*
outer suburbs

平方米 (píngfāngmǐ)
n.
square metre

　　有一部分年轻人看上去比较"幸运"，他们的父母有一定的积蓄，也愿意帮孩子买房。有了父母的"赞助"，他们就可以不向银行贷款，或者少向银行贷款，还贷的时候，利息压力也就没有那么大。虽然没做"房奴"，但这种伸手向父母要钱的人，却成了另一类人——"啃老族"。

　　如果想减轻压力，尽量不做"房奴"，年轻人只能选择以下方法：

　　方法一：选择远郊区县的小的二手房，例如北京远郊区县40平方米到50平方米的二手房。但是，选择远郊区县的房子，可能每天在上下班的路上就要花两三个小时，甚至更多的时间。

　　方法二：租房。租北京市区的小房子，交通一般比较方便。但是，绝大部分中国人还是希望在属于自己的房子里结婚成家。

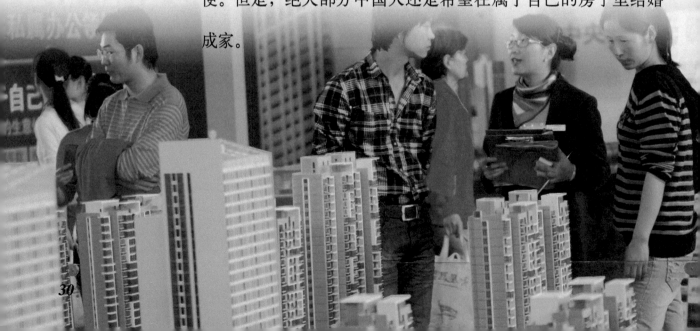

语言点 Language Points

1. **在中国人的传统观念里，"安居乐业"十分重要，如果没有房子，很多人都会觉得没有安全感、不稳定。**

   安居乐业
   live in peace and
   work happily

   "安居乐业"，成语。意思是安定地生活，愉快地工作。

   "安居乐业" is an idiom. It means "to lead a calm and orderly life, and to work happily".

   （1）唐朝是中国历史上最强大的朝代之一，社会稳定，经济发展，科学进步，人民安居乐业。

   （2）有了法律的保障，社会才会稳定，人们才能安居乐业。

2. **为了买房子，很多人向银行贷款几十万。然后用每个月工资的30%到50%来还贷款，还款时间少则10年，多则30年。**

   少则……，多则……
   at least…, at most…

   "少则……，多则……"，固定结构。从最少和最多两个方面表示范围。

   "少则……，多则……" is a set structure. It expresses a range between the least and the most.

   （1）中国父母大都愿意拿出自己的积蓄帮孩子买房，少则几万元，多则几十万元。

   （2）经常有留学生的作文发表在汉语杂志上，少则两三百字，多则一两千字，都是非常优秀的作品。

3. **有一部分年轻人看上去比较"幸运"，他们的父母有一定的积蓄，也愿意帮孩子买房。**

   一定
   certain, considerable

   "一定"，形容词。表示某个阶段或某个程度的，相当的。但不能受"很"等副词修饰。

"一定" is an adjective. It expresses that on some stage or level, there is a considerable amount of something. It cannot be used with adverbs like "很".

(1) 刚刚工作的年轻人可以选择先租房，等有了一定的经济实力再买房也不迟。

(2) 在人口日益增加、发展日益迅速的北京，保护四合院有一定的困难。

练 习 Exercises

1. 用简单的句子，总结下面这几类人的特点。

月光族	
房奴	
啃老族	

2. 选择正确答案。

(1) 在现在，"80 后"都是（　　）。

    A. 月光族   B. 年轻人

    C. 已经结婚的人   D. 请父母帮助的人

(2) 下面符合中国人的传统观念的是（　　）。

    A. 安居乐业   B. 租房结婚

    C. 不和别人比较   D. 给银行打工

(3) 如果要买房，（　　）才可能少从银行贷款。

    A. 多付利息   B. 买大房子

    C. 做"啃老族"   D. 常换工作

（4）很多年轻人结婚前一定要买属于自己的房子，其原因不包括（　　）。

    A. 上班太远　　　　　　　B. 传统观念

    C. 有安全感　　　　　　　D. 为了更稳定

3. 回答问题。

  （1）在你的国家，年轻人有什么样的社会问题？

  （2）你认为，年轻人为了避免做"房奴"、"月光族"，应该怎么办？

  （3）在你的国家，父母和孩子在金钱、物质等方面的关系一般是怎么样的？

小知识 Cultural Tips

从福利分配到自由买卖
From Welfare Allocation to the Free Market

在1949年以后相当长的一段时间内，中国的住房都是政府分配的。根据每个家庭的人口、工作时间和具体情况，由工作单位分配住房。那时候，房屋是不允许买卖的，这个制度叫"福利分房"制度。

改革开放后，房子变成了商品，要靠每个人自己赚钱买了。城市里热闹的、交通方便的地段，房价就高。周围有好的中学或小学的地方，房价也会特别高。

For a relatively long period of time after 1949, housing in China was allocated by the government. Housing was allocated by working units based on the number of people in a household, work history and work record. During that time, housing could not be bought or sold, and this institution was referred to as "welfare housing allocation".

After the implementation of the policies of reform and opening-up, China's housing becomes a commodity, and everyone has to save money themselves to buy one. In places where cities are lively, and the traffic situation is convenient, the housing prices are high. In places where there are good elementary or middle schools nearby, the housing prices will be especially high.

5

Zuò hǎoshì   bù liúmíng

做好事　不留名

Doing Good Deeds Anonymously

捡到别人丢的钱，交给警察或政府，是每个人应该做的，而不是为了得到奖金；帮助有困难的人，也是每个人应该做的，而不是为了得到感谢。所以，很多中国人在帮助别人以后，会选择悄悄地离开，连自己的名字也不留下。

波恩 (Bō'ēn) *n.*
Bonn

莱茵河 (Láiyīn Hé) *n.*
Rhine

治安 (zhì'ān) *n.*
public security

　　2006 年夏天，在德国留学的中国青年杨立从波恩出发，开始了自行车旅行。当他来到莱茵河沿岸的一座小镇时，却被几名警察拦住了。

　　德国的治安相当不错，警察对他也很客气。杨立又紧张又奇怪，向警察询问原因，可是对方也不清楚，只是彬彬有礼地把他请到了警局，说是受一个叫做克里斯托的小镇之托来寻找他。

来到警局不久，杨立就接到了从克里斯托打来的电话。在电话里，小镇镇长欣喜地告诉他，他得回克里斯托小镇领取500欧元的奖金和一枚荣誉市民奖章——这是一直以来，小镇对拾金不昧者的奖励。

原来，两天前杨立路过克里斯托的时候，将捡到的一个装有几千欧元现金和几张信用卡的钱包送到了镇政府，连姓名都没有留下就悄悄离开了。听镇长说让他回去拿奖金，他想都没想就推辞了。镇长问他为什么，他回答说，中国人认为做好事以后，应该不留名，捡到钱还给失主或者交给警察、政府，都是应该做的。自己如果接受那笔奖金和荣誉，听起来就像是为了钱和荣誉才做好事的。

镇长想了想，问杨立："你知道我们是怎样找到你的吗？"

原来，在他离开后，镇上的人们立即到处打听这个善良的东方青年的下落。由于杨立只是经过这个小镇，镇上的人只知

彬彬有礼 (bīnbīn-yǒulǐ)
refined and courteous

欣喜 (xīnxǐ) *adj.*
joyful

荣誉 (róngyù) *n.*
honor

拾金不昧 (shíjīn-bùmèi)
return found money

捡 (jiǎn) *v.*
pick up

推辞 (tuīcí) *v.*
decline

失主 (shīzhǔ) *n.*
owner of lost property

下落 (xiàluò) *n.*
whereabouts

拼图 (pīntú) *n.*
picture

思维 (sīwéi) *n.*
thought

善举 (shànjǔ) *n.*
good deed

无私 (wúsī) *adj.*
unselfishness

道他是要沿莱茵河旅行，连具体的方向都不清楚。警局只好把杨立的相貌做成拼图传给河两岸十多个城镇的警局，用了百余名警力，才把他找到。

听到两天来大家这样辛苦地寻找自己，杨立很是感动，也很不理解：既然自己都已经离开了，还有必要如此辛苦吗？如果不找的话，不是能替大家省下这笔钱吗？

听了他的话，镇长先是说了句"东方式思维"，然后严肃地回答："做好事，不留名，并不是简单的个人问题。那些奖励你可以不在乎，但必须接受。因为那不仅仅是你个人的荣誉，也代表了整个社会对善举的尊重。对善举的尊重，是我们每个公民的责任。所以，我们不能因为你的无私而放弃自己的责任。"

最后，杨立终于回到了克里斯托。小镇镇长把奖金、奖章亲手交给了他，并向很多人讲述了这个"做好事，不留名"的故事。无论是西方式的"坚持留下好人的名字"，还是东方式的"悄悄离开"，都是在"做好事"。

语言点 Language Points

1. **杨立又紧张又奇怪，向警察询问原因，可是对方也不清楚，只说是受一个叫做克里斯托的小镇之托来寻找他。**

   受……之托
   accept a request

   "受……之托"，固定结构。表示接受……的请求，提供帮助。

   "受……之托" is a set structure. It expresses the acknowledgement of a request, and the willingness to provide help.

   （1）感谢大家来参加今天的留学生开学典礼。我受王校长之托，代表他向大家表示热烈的欢迎，并祝大家学习进步、万事如意！

   （2）中国人常常说"受人之托，忠人之事"，意思就是既然已经答应了帮忙，就一定要帮别人把事做好。

2. **听了他的话，镇长先是说了句"东方式思维"，然后严肃地回答："做好事，不留名，并不是简单的个人问题。"**

   式
   style

   "式"，名词。常用于形容词或名词后，表示……样式，有……特点的。

   "式" is a noun. It is frequently used after adjectives or nouns to indicate a certain type or style, or that something has certain characteristics.

   （1）无论是西方式的"坚持留下好人的名字"，还是东方式的"悄悄离开"，都是在"做好事"。

   （2）美式快餐肯德基在中国开店已经二十多年了，很受年轻人和孩子们的欢迎。

3. **小镇镇长把奖金、奖章亲手交给了他，并向很多人讲述了这个"做好事，不留名"的故事。**

   亲
   one's own

   "亲"，副词。后面可加"自、手、身、口、眼"等，组成副词"亲自、亲手、亲身、亲口、亲眼"等，表示某事是某个人自己做的，动作不是发自他人。

"亲" is an adverb. "自", "手", "身", "口", "眼", etc., can all be added after it to form "亲自", "亲手", "亲身", "亲口", "亲眼", etc., which expresses that something was done by someone themselves and the action was not performed by someone else.

（1）节日期间的治安非常重要，警察局长也离开了办公室，亲自来到热闹的街头巡逻。

（2）这件事情是我亲眼看到的，不可能是假的。

练 习 Exercises

1. 按时间顺序写出事情的发生、发展、问题和结果，尽量使用新词。

（1）发生——杨立在克里斯托镇 _____

原因——根据"东方式思维"，他认为：_____

（2）发展——杨立离开，小镇居民却 _____

原因—— _____

（3）发展——杨立继续旅行。警察们到处找杨立。

难找的原因—— _____

寻找的方法—— _____

（4）矛盾——杨立和克里斯托镇的镇长通电话。

镇长态度——先欣喜后 _____，因为 _____

杨立态度——感动但是 _____，因为 _____

（5）结果

杨立 _____

镇长总结 _____

2. 回答问题。

(1) 你的母语中有没有类似"拾金不昧"这样的成语或俗语？

(2) 在你和中国人接触的过程中，还有什么"中国式思维"给你留下了深刻印象？

(3) 如果你在中国捡到钱包，你会站在原地等失主，还是去找警察？再问问中国朋友他们怎么做吧。

小知识 Cultural Tips

在中国可兑换的外国货币
Foreign Currencies That Can Be Exchanged in China

以下都是在中国银行可以直接兑换的外国货币，它们在汉语中的名字是：

美元、欧元、日元、韩元（或韩币）、英镑、丹麦克朗、挪威克朗、瑞典克朗、瑞士法郎、新西兰元、新加坡元或新币、加拿大元或加币、菲律宾比索、泰国泰铢。

要注意的是，"澳元"是"澳大利亚元"的简称，中国澳门地区的货币一般称为"澳门元"。

Below are all currencies that can be directly exchanged in the Bank of China:

US dollar, Euro, yen, won (Korea), British pound, Denmark krone, Norway krone, Swedish krone, Swiss franc, New Zealand dollar, Singapore dollar, Canadian dollar, Philippine peso, Thai baht.

Note that "澳元" refers to Australian Dollars, while the currency of Macao China is referred to as "澳门元".

6

动物知多少

How Much Do You Know About Animals?

关于动物，我们有很多不科学的看法和认识。要想更好地保护动物、保护环境、保护地球，就必须更多地了解它们。爱护动物就是爱护人类自己。

奶酪 (nǎilào) *n.*
cheese

动物是人类的朋友，但是我们真的了解它们吗？最近的研究发现，很多对动物的"传统认识"并不正确。

1. 老鼠喜欢奶酪

动画片《猫和老鼠》让全世界的人们相信一点：老鼠喜欢吃奶酪。但这并不是事实。它们并不喜欢奶酪，除非它们饿坏

40

了，才会吃奶酪。老鼠更喜欢吃甜的，比如巧克力。更有意思的是，老鼠的天敌——猫就尝不出甜味。

2. 鲨鱼从不睡觉

以前，大家都普遍认为鲨鱼从不睡觉。其实它们是白天睡觉，晚上出来活动。它们在静止不动时可以呼吸，不用大脑也可以无意识地游泳。因为鱼没有眼皮，所以我们无法判断鲨鱼是否在睡觉。

3. 海豚很聪明

海豚很可爱，但是海豚并没有我们想象的那么聪明，它们只是比较容易和人接近，所以能学会很多别的动物不愿意做的事情。

4. 猫不会游泳

在有些干旱地区，猫和水接触很少，所以当然不会游泳。然而，有研究显示，如果从小猫时期就让其接触水的话，它们会非常喜欢游泳。有些野生猫在水边生活，例如南亚的孟加拉猫，就被称为"游泳猫"。它们可以一边游泳，一边用长长的爪子抓鱼。

5. 狼喜欢对着月亮叫

受很多电影或电视剧的影响，有些人才有了这种错误的想

天敌 (tiāndí) *n.*
natural enemy

鲨鱼 (shāyú) *n.*
shark

静止 (jìngzhǐ) *v.*
keep still

意识 (yìshí) *n.*
consciousness

海豚 (hǎitún) *n.*
dolphin

接触 (jiēchù) *v.*
contact

孟加拉 (Mèngjiālā) *n.*
Bangladesh

爪子 (zhuǎzi) *n.*
claw

法。狼叫其实和月亮没有关系。

6. 爱情中的兔子很疯狂

《爱丽丝漫游奇境记》让我们记住了"三月兔",意思是发狂的兔子。因为在当地的三月,兔子们开始"恋爱"、"结婚",变得非常疯狂。实际上,这样的情况不仅发生在三月,二月和九月也一样会发生。而且,在爱情中疯狂的,不仅只是兔子。

7. 大象害怕老鼠

无论是在中国还是外国,都有很多关于大象怕老鼠的故事。有的故事甚至说,从前有一支北方的军队,因为请了老鼠帮忙,所以打败了骑大象的南方军队。事实上,无论是野生的还是动物园里的大象,都见惯了老鼠,根本不怕它们。除了人之外,健康的成年大象面临的敌人很少,除非遇到特别不熟悉的情景和声音它们才会害怕。

疯狂 (fēngkuáng) *adj.* crazy

《爱丽丝漫游奇境记》 (Àilìsī Mànyóu Qíjìng Jì) *Alice's Adventures in Wonderland*

面临 (miànlín) *v.* be faced with

情景 (qíngjǐng) *n.* scene

语言点 Language Points

1. **它们并不喜欢奶酪，除非它们饿坏了，才会吃奶酪。**

   "除非"，连词。常跟 "才"、"否则"、"不然" 等连用，表示唯一的条件。

   "除非" is a conjunction. Frequently used with "才", "否则", and "不然", it expresses a sole condition or prerequisite.

   （1）健康的成年大象面临的敌人很少，除非遇到特别不熟悉的情景和声音它们才会害怕。

   （2）除非我们都加班，否则这个工作不可能按时完成。

   > 除非
   > unless

2. **事实上，无论是野生的还是动物园里的大象，都见惯了老鼠，根本不怕它们。**

   "v. + 惯"，固定结构。表示习惯。

   "v. + 惯" is a set structure. It expresses "accustomed to", or "used to".

   （1）在中国普通家庭的饭桌上，大家已经吃惯了香菜、大蒜，一点儿也不觉得难吃。

   （2）很多年轻人已经过惯了 "挣多少花多少" 的日子，一到月底工资就花完了。

   > v. + 惯
   > accustomed to, used to

练 习 Exercises

1. 用自己的话总结短文中的"传统观点"和"实际情况"。

错误原因	动物	观点对比	
		传统观点	实际情况
影视作品影响	老鼠	喜欢吃奶酪	喜欢吃甜的。除非饿坏了才吃奶酪。
	狼		
文学作品影响	兔子		
传说故事影响	大象		
研 究不全面	鲨鱼		
	猫		
情感原因	海豚		

2. 回答问题。

（1）老鼠和猫是天敌，你还能举出其他天敌的例子吗？

（2）文章中提到的动物的真实情况，哪些是你早就知道的，哪些是你一直误解或不知道的？ 如果有错误的认识，是怎么造成的？

（3）你最喜欢的动物是什么？为什么？

宠 物
Pets

　　说到宠物，起初主要是就狗和猫而言，但随着人们生活条件的日益改善和审美观念的多样化，饲养宠物渐渐成为一种时尚。现在人们除了把狗、猫、观赏鱼、玩赏鸟等当作宠物外，更有人还把蜘蛛、蜥蜴、玩赏蛇甚至马、骆驼等也当作宠物。

　　在中国，饲养宠物的人大致可以分三类：一是工作压力大的年轻人，为的是排解工作、生活中的烦躁和苦闷；二是一些子女不在身边的老人，需要心灵的慰藉和精神寄托；三是父母养宠物给自己的孩子当玩伴，也可以培养孩子的爱心。

When talking about pets, at first it was mostly cats and dogs. Following the improvement of people's quality of life, their tastes have become diversified and raising a pet has become fashionable. Now, aside from dogs, cats, fish, and birds, people also regard animals like spiders, lizards, snakes, and even horses and camels as pets.

In China, people who raise pets can generally fall into three categories: the first are younger people, who have pets to help deal with the depression and agitation from their work and life; the second are the elderly people with none of their children around, who need consolation of spirit; the third are parents who raise pets as a playmate for their children, in the mean time developing a sense of compassion in their children.

7

Yuèliang　　yuèliang

月亮　月亮

Moon Moon

亿万年来，月亮一直和地球在一起。历史文化中的月亮形象和真实的月球就像月亮的正面和背面，都是我们应该了解的。

历法 (lìfǎ) *n.*
calendar

"床前明月光，疑是地上霜。举头望明月，低头思故乡。"

这首用月亮寄托对家乡思念的古诗，在中国可以说是无人不知。

类似的以月亮为主题的文学作品还有很多。

在中国漫长的历史中，人们对月亮的了解和研究远超过了

太阳。中国古代的历法——"农历"，就是根据月亮的变化制定

的。由于月亮在古代又叫"太阴"，所以这种历法又叫阴历。

在中国传统文化中，美丽的月亮代表了爱情、友情和亲情。几千年来，有无数关于月亮的诗歌、故事，其中最有名的就是"嫦娥奔月"。

传说嫦娥是古代一位神射手后羿的妻子，长得非常美丽。天上的神仙给了后羿一种可以飞上天的仙药。一天，后羿外出时，有敌人闯进家里，嫦娥别无选择，只好一口吞下了仙药，飞到了没有人的月亮上，只有一只小白兔和她作伴。因此，中国人把嫦娥看作是月亮上的仙女。

后羿和人们都很想念嫦娥，于是就在每年农历的八月十五这个一年中月亮最圆、最美的时候，在月下摆上各种瓜果，望着月亮表达对嫦娥的思念。这就是关于"中秋节"起源的一种说法。

关于"嫦娥奔月"，还有不同的故事。有一种说法就是后羿成为英雄后，脾气变得暴躁，和嫦娥越来越没有共同语言。由于两人感情不和，婚姻不幸福，嫦娥才偷吃仙药，离开了后羿。但是，因为月亮是那么美好，人们不希望这个关于月亮的故事是个彻底的悲剧，因此，这种说法很少有人提起。

无论如何，嫦娥的故事都只是人们的幻想。真实的月亮是

嫦娥 (Cháng'é) *n.* Chang E (Goddess of the Moon in Chinese mythology)

后羿 (Hòuyì) *n.* Hou Yi (a hero in Chinese mythology)

神仙 (shénxiān) *n.* celestial being, immortal

吞 (tūn) *v.* swallow

起源 (qǐyuán) *n.* origin

暴躁 (bàozào) *adj.* irritable

彻底 (chèdǐ) *adj.* thorough

大气 (dàqì) *n.*
atmosphere

周期 (zhōuqī) *n.*
cycle

探索 (tànsuǒ) *v.*
explore

推测 (tuīcè) *v.*
guess, conjecture

宇航员 (yǔhángyuán)
n.
astronaut

卫星 (wèixīng) *n.*
satellite

发射 (fāshè) *v.*
launch

没有水、没有大气的不毛之地。白天的温度最高可达127℃，夜晚可降到−183℃，昼夜温差巨大。因为月球的自转周期和它的公转周期完全一样，所以它始终用同一面向着地球。对于人类来说，那个永远也看不到的月球背面，一直是一个神秘的未知世界，吸引着我们不断地探索。甚至还有人大胆地推测，月亮是外星人制造出来研究地球的工具，所以人类只能看到月球的一面！

1969年7月20日，美国的"阿波罗11号"飞船经过38万公里的飞行，带着两位宇航员登上了月球。正如第一个踏上月球的宇航员所说，这是一个人的一小步，却是人类的一大

步。从此，随着科学的发展，世界各国对月球的探索日益增多。2007年10月24日，中国的首颗探月卫星发射升空，它的名字就是"嫦娥一号"。

语言点　Language Points

1. 一天，后羿外出时，有敌人闯进家里，嫦娥别无选择，只好一口吞下了仙药，飞到了没有人的月亮上。

别无选择
have no other choice

　　"别无选择"，成语。意思是没有别的办法。

　　"别无选择" is an idiom. It means having no other choice, or no other way.

　　（1）"80 后"的年轻人已经到了结婚的年龄，却又刚刚工作，没有积蓄。他们别无选择，只能向父母伸手要钱，或者从银行贷款。

　　（2）随着经济的发展，人口大量增加。想解决住房问题，除了让"独门独户"的四合院变成"大杂院"外别无选择。

2. 正如第一个踏上月球的宇航员所说，这是一个人的一小步，却是人类的一大步。

正……
just (like)

　　"正……"，副词。用在动词"是"、"如"、"像"等之前，加强肯定语气。

　　"正……" is an adverb. It is used before verbs like "是"，"如"，"像", to emphasize a tone of certainty.

　　（1）正像生活中的绝大多数事情一样，学习也是付出越多，收获越多。

　　（2）如果有外星人生活在月球背面，他们也看不到地球，正如人类看不到月球背面一样。

练习 Exercises

1. 回答问题。

(1) 在中国的传统文化中，月亮代表什么？

(2) 你觉得"嫦娥奔月"的故事是不是一个悲剧？为什么？

(3) 为什么说真实的月球是一个"不毛之地"？

2. 选择正确答案。

(1)"床前明月光，疑是地上霜。举头望明月，低头思故乡。"这首诗的主题是（   ）。

      A. 爱情   B. 气候   C. 亲情   D. 嫦娥

(2) 根据短文，人们最希望了解的是月球的（   ）。

      A. 自转周期   B. 大气   C. 昼夜温差   D. 背面

(3) 关于中秋节和嫦娥奔月的故事，下面说法正确的是（   ）。

      A. 都只有一种起源   B. 都是真实的

      C. 中秋节还可能有别的起源   D. 表达了人们对英雄的思念

3. 根据短文解释以下名词。

农历	
嫦娥和后羿	
中秋节	
阿波罗 11 号	
嫦娥一号	

农历和月相
The Lunar Calendar and the Phases of the Moon

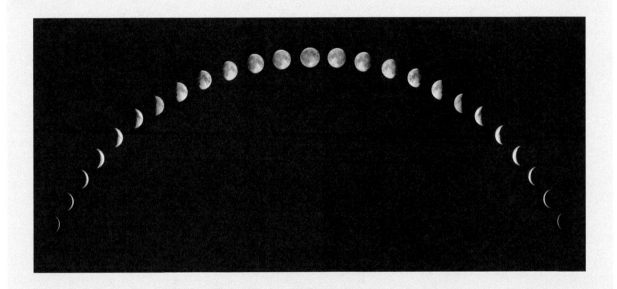

农历是中国古代先民根据月亮的变化制定出的历法。农历的每月初一，见不到月亮，接下来开始能看到细细的、弯弯的月亮。到农历初八左右，可以看到月亮的西半面。等到了农历十五，即每个月的中间，月亮的整个光亮面都对着地球，人们就看到了圆圆的"满月"。"满月"之后，月亮又每天逐渐"消瘦"下去，到了一个月的月底，又变得最小了。

The lunar calendar is a calendar system developed by the people of ancient China based on the changes of the moon. On the first day of every lunar month, you cannot see the moon, and then day by day it becomes more apparent, the crescent moon. On the 8th of every lunar month, the western side of the moon is visible. On the 15th of the lunar month, in the middle of the month, there is a full moon looking down on the earth, and people can see the round "满月," (full moon). After the full moon, the moon gets gradually smaller every day, until the end of the month, when it is the smallest.

8

Xiāngqīn dàhuì

相亲大会

Blind Date Convention

找到适合自己的人，生活一辈子，有时候是很难的。
对于中国很多 25 岁以上的女孩子来说，可能更难。

研究生 (yánjiūshēng) *n.*
postgraduate (student)

择偶 (zé'ǒu) *v.*
find a husband or wife

"大家好！ 27 岁的我希望和大家交朋友。我大学的专业是经济，现在一边工作一边读研究生……"农历七月初七，是中国传统的情人节——七夕节。 在北京一个公园里，百合婚姻介绍公司举办的"相亲大会"现场，记者看到，很多女孩子大方地走上临时舞台，详细地介绍自己的学历、工作、爱好、家境、择偶条件，甚至在大庭广众之下报出自己的手机号码。还有能歌善舞的，索性现场来一段才艺表演⋯⋯台上的人个个不错，台下的人热情鼓掌。唯一的问题是，无论台上台下，70% 以上都是女孩子！

"相亲大会"开始后的一个多小时内，一直都是女孩子上台自我介绍。忽然，人群中出现了三个年轻英俊的小伙子，一下子吸引了台上台下的目光。不断有大胆的姑娘走上前去搭讪，可是他们调皮地眨眨眼睛，回答自己大学刚毕业，还不到 22 岁。姑娘们听说只是"弟弟"，便都不感兴趣了。一会儿，他们便无人问津了。

陆续有一些男孩子上台做自我介绍了。也许是现场女孩子太多，男孩子太少，他们格外紧张。其中一位颇为紧张地说："我喜欢运动，希望能多认识一些朋友，大家可以一块爬山、踢足球⋯⋯"此言一出，引起台上台下一片笑声，连主持人都笑着问他："你这是找女朋友呢，还是找哥们儿啊？"

另一位男士为了表示自己的诚意，大热天儿还穿着长袖衬衫，打着领带，很是引人注目。他还当场公布了自己的手机号码、QQ 号码和电子邮箱。果然，他为此次相亲特意印的红色名片立刻被"抢"光了。

最有趣的是，现场还有很多大爷大妈。他们有的是和女儿一起来的，有的甚至是因为女儿不愿意在大庭广众下找对象，就自己带着女儿的照片偷偷跑来的。几位家长凑成一堆，互相

索性 (suǒxìng) *adv.*
simply, just

搭讪 (dāshàn) *v.*
strike up a conversation

调皮 (tiáopí) *adj.*
mischievous

颇 (pō) *adv.*
rather, considerably

哥们儿 (gēmenr) *n.*
buddy, dude, guy

诚意 (chéngyì) *n.*
sincerity

凑 (còu) *v.*
pool together

尴尬 (gāngà) *adj.*
awkward

靓 (liàng) *adj.*
pretty

会计 (kuàijì) *n.*
accountant

体贴 (tǐtiē) *adj.*
considerate

相当 (xiāngdāng) *v.*
be relatively similar (to)

询问："男孩儿？女孩儿？"却往往遇上都是女孩子的尴尬情况。

有几位大妈甚至已经彻底不抱希望了，她们坐在一起，边聊天，边欣赏各自女儿的靓照。记者凑过去一问，他们的女儿最大的 31 岁，是中学老师；最小的 26 岁，是公司会计。大妈们纷纷跟记者表示："现在生活好了，我们什么都不缺，就缺一个好姑爷！""孩子的婚姻大事不解决，我们日夜不安啊！""找个合适的女婿怎么这么难？"

对于这种相亲会上女多男少、女孩子越来越"不好嫁"的问题，组织这次相亲活动的百合婚介公司的李女士说："造成这种现象的原因是多方面的。首先，人们普遍认为，女孩子的青春比较短，女孩子都想 30 岁之前把自己嫁出去，而男孩子到了 35 岁也不用着急；其次，中国人的传统观念是夫妻应该'男大女小'，丈夫比妻子大几岁，让人觉得更稳定、可靠、体贴；再次，一直以来，中国的家庭结构中都是男女双方学历、经济实力、社会地位相当，或者男方比女方高，所以高学历、高收入的'女强人'型女孩子更不好嫁；最后，由于生活压力，一些'没房没车'的男孩子无人问津，不得不推迟谈恋爱、结婚的时间，这也是一个重要的原因。"

语言点 Language Points

1. **很多女孩子大方地走上临时舞台，详细地介绍自己的学历、工作、爱好、家境、择偶条件，甚至在大庭广众之下报出自己的手机号码。**

   "大庭广众"，成语。意思是在很多人面前、在公共场所。

   "大庭广众" is an idiom. It expresses being in front of a large group of people in a public place.

   （1）说话时打呵欠、挖耳朵、在大庭广众下耳语，都是不礼貌的行为。

   （2）最有趣的是，现场还有很多大爷大妈。他们有的是和女儿一起来的，有的甚至是因为女儿不愿意在大庭广众下找对象，就自己带着女儿的照片偷偷跑来的。

   > **大庭广众**
   > public place with numerous people

2. **姑娘们听说只是"弟弟"，便都不感兴趣了。一会儿，他们便无人问津了。**

   "无人问津"，成语。意思是无人过问，受到冷落。

   "无人问津" is an idiom. It means that no one shows an interest, or to be treated coldly.

   （1）由于生活压力，一些"没房没车"的男孩子无人问津，不得不推迟谈恋爱、结婚的时间。

   （2）由于价格太贵，这种食品在超市里摆了好几天，一直无人问津。

   > **无人问津**
   > no one cares (about) or shows any interest (in something)

3. **因为现场女孩子太多，一位男孩子颇为紧张地说："我喜欢运动，希望能多认识一些朋友，大家可以一块爬山、踢足球……"**

   "颇"，副词。意思是很。

   "颇" is an adverb. It means "very".

   （1）女儿三十多了还没结婚，父母颇有些着急，却没有办法。

   （2）有些人买房以后，要用每个月收入的60%还银行贷款，压力颇大。

   > **颇**
   > very, relatively

练 习 Exercises

1. 判断正误。

　　（1）组织这次相亲活动的是大龄女青年的父母。　　（　　）

　　（2）来参加相亲活动的女性远多于男性。　　　　　（　　）

　　（3）一般来讲，中国人认为丈夫应该比妻子年纪大。（　　）

　　（4）"女强人"比"小姑娘"更受男性欢迎。　　　 （　　）

　　（5）在中国社会，男性的经济压力比女性更大。　（　　）

　　（6）有姐姐和三个弟弟一起来相亲。　　　　　　（　　）

2. 选词填空。

　　　　尴尬　　姑爷　　相亲　　嫁　　颇

　　人们普遍认为，女孩子应该早点结婚，30 岁以前就要 _____
出去。所以，女孩子的父母更容易着急，如果找不到好 _____，他
们甚至会带着女儿的照片，代替女儿出去 _____。

　　但是，到了相亲大会，很多家长 _____ 地发现，男孩子太少，女
孩子太多。可能是因为这个原因，有的男孩子在相亲大会上 _____
为紧张，不好意思上台介绍自己。

3. 回答问题。

　　你同意以下的观点吗？为什么？

　　（1）女性的青春比较短，应该在 30 岁之前把自己嫁出去，而男
性到了 35 岁也不用着急。

　　（2）恋爱和婚姻中，"男大女小"比较合适，丈夫比妻子大几
岁，让人觉得更稳定、可靠、体贴。

（3）无论男方的年龄多大，都还是比较喜欢 25 岁以下的漂亮"小姑娘"。

（4）家庭结构中应该是男女双方学历、经济实力、社会地位相当，或者男方比女方高，所以高学历、高收入的"女强人"更不好嫁。

（5）现在生活压力比较大，"没房没车"的男孩子一般都无人问津，不得不推迟谈恋爱、结婚的时间。

小知识 Cultural Tips

剩男和剩女
"Leftover" Men and Women

"剩男"和"剩女"是最近几年新出现的名词，指那些早已到了结婚年龄，却一直单身的男性和女性。

一般认为，剩女们被"剩下"不是因为自身的条件不好，而是因为条件太好。她们往往有高学历、高收入，还可能有高智商，相貌也比较漂亮，想找到比自己更优秀的男性结婚，很难很难。

对于剩男、剩女，还有一个好听一点的叫法——单身贵族，意思是他们虽然单身，但是已经拥有并且可以继续追求高质量的生活。

"剩男" and "剩女" have recently become popular terms to describe those men and women who have reached the appropriate age for marriage, yet remain single.

People generally believe that "leftover" women have been made "leftovers" not because they are not good enough, but because they're too good. They are usually of good educational background, with high salaries, quite possibly have high IQ, are rather attractive, and are rather fruitlessly trying to pursue a man who is even more outstanding than themselves.

As far as the "leftover" men and women go, there is a better sounding way of referring to them, that being "单身贵族" or roughly the "single aristocracy". This means that they're single, but that they already have and can continue to pursue a life of high standard.

9

Xióngmāo wàijiāo

熊猫外交

Panda Diplomacy

可爱的大熊猫是中国独有的珍稀动物。它们代表中国，像一位位特殊的"大使"，前往世界各地，在外交上发挥了特殊的作用。

记载 (jìzǎi) v.
write down, record

武则天 (Wǔ Zétiān) n.
Wu Zetian (Empress of
the Tang Dynasty)

长安 (Cháng'ān) n.
Chang'an (capital of
China during the Tang
Dynasty)

国宝大熊猫自古以来就是中国的一张名片。据日本史料记载，公元 685 年，中国女皇武则天送给日本天皇两只"白熊"。过去史学家一直认为"白熊"是北极熊，但据后来的研究发现，北极熊要送到长安，再送到日本，在当时基本不可能。而当时长安的皇家花园内就有大熊猫，因此"白熊"应该就是大熊猫。这是迄今为止，有史书记载的第一次熊猫出使。

1941 年，为了表示对帮助中国人民的谢意，当时的中国政府向美国的一个民间组织赠送了一只大熊猫。此后，中国政府又于 1946 年向英国政府赠送了一只大熊猫。

1957 年，新中国政府向莫斯科赠送了一只大熊猫，象征着中国与苏联之间的深厚友谊。1965 年至 1980 年，中国又陆续将五只大熊猫赠送给朝鲜。

由于当时的中国和西方国家大都没有建立外交关系，所以熊猫"出使"西方的路格外曲折。1956 年至 1957 年，美国两家动物园先后致信北京动物园，希望"以货币或动物交换一对大熊猫"。英国、荷兰等国也向中国提出了类似的请求。1959 年，联邦德国（当时的西德）一家动物园的园长多次来信，甚至提出了要亲自来华捕捉两只活熊猫，并以外汇购买的请求。在当时的外交背景下，这样的请求可谓"大胆"，最后被中国政府以"熊猫属珍稀动物，且不易捕捉"等理由婉言拒绝了。

那些曾经为得不到熊猫而沮丧的人们，并没有遗憾终身。1972 年，随着中美关系的改善，大熊猫玲玲和兴兴被赠送给美国。这是 1949 年以后，国宝大熊猫第一次被送到西方国家。当时的外交部美国处处长丁原洪回忆说："周恩来总理在招待

出使 (chūshǐ) *v.* go abroad as ambassador

苏联 (Sūlián) *n.* Soviet Union

陆续 (lùxù) *adv.* one after another, in succession

曲折 (qūzhé) *adj.* complicated, winding

联邦德国 (Liánbāng Déguó) *n.* the Federal Republic of Germany

外汇 (wàihuì) *n.* foreign exchange

婉言 (wǎnyán) *n.* tactful expression

沮丧 (jǔsàng) *adj.* dejected, depressed

元首 (yuánshǒu) *n.*
head of state

栖息 (qīxī) *v.*
stay (for a rest), intabit

化石 (huàshí) *n.*
fossil

宴会上，把熊猫牌香烟递给尼克松夫人，问她：'喜欢吗？'尼克松夫人说：'我不吸烟。'周总理就指着烟盒上的熊猫说：'喜欢这个吗？北京动物园要送两只大熊猫给美国人民。'尼克松夫人一听，就惊喜地对尼克松总统叫道：'天哪！你听到了吗？大熊猫！总理要送大熊猫给我们！'"

继尼克松总统把两只大熊猫带回华盛顿之后，大熊猫被中国送往世界各地，"熊猫外交"达到高峰。日本、法国、英国、联邦德国、墨西哥与西班牙等国也都获得了中国赠送的大熊猫，许多大熊猫抵达当地时都得到了"国家元首级的待遇"。

在当时，中外人民的交流还很少，而中国的大熊猫一出国，就在当地人民心中留下了一个和平、友善的美好形象。它们对帮助各国人民了解中国，增进对中国的友好感情，进而改善外交关系起到了巨大的作用。

由于大熊猫寿命短、栖息地环境不断恶化等原因，大熊猫作为"国礼"的时代，已经结束了。现在，大熊猫出国一般都是通过合作研究的方式，就是为了用全世界的力量来保护大熊猫，让这被视为动物界"活化石"的大熊猫，这全人类的朋友，把中国人民的祝福与和平心愿带向全世界。

语言点 Language Points

1. 这是迄今为止，有史书记载的第一次熊猫出使。

　　"迄"，动词。意思是到。常和"今"搭配，表示"到现在……"。

　　"迄" is a verb. It means "until". It is frequently used with "今" to mean "until now".

　　(1) 中国的中秋节迄今已有至少一千多年的历史。

　　(2) 迄今为止，人们还没有在地球以外的其他星球上发现其他智慧生命。

> 迄
> as yet, until

2. 继尼克松总统把两只大熊猫带回华盛顿之后，大熊猫被中国送往世界各地。

　　"继"，动词。表示接着。常和"之后"、"以后"等搭配，表示在某个时间以后。

　　"继" is a verb. It expresses continuation or carrying on. It is frequently used with "之后" or "以后" to express that something is happening after a certain time.

　　(1) 继 1987 年肯德基在中国北京的第一家店开业之后，麦当劳等多家外国快餐陆续进入了中国市场。

　　(2) 近几年来，空调成为继电视、冰箱之后的又一个消费热点。

> 继
> continue, follow after

3. "熊猫出使"对帮助各国人民了解中国，增进对中国的友好感情，进而改善外交关系起到了巨大的作用。

　　"进而"，连词。表示在现有的基础上进一步。

　　"进而" is a conjunction. It expresses the next step based on the current situation.

　　(1) 每天坚持吃多种蔬菜水果可以保证人体必需的维生素，进而延长人的寿命。

　　(2) 近几年，中国的航天技术进步很快，先发射了宇宙飞船，进而将宇航员送出了地球。

> 进而
> and then

练习 Exercises

1. 选择正确答案。

(1) 历史上，熊猫"出使"的目的是（　　）。

    A. 合作研究　　　　　　　B. 赚取外汇

    C. 交换其他珍稀动物　　　D. 送给友好国家做礼物

(2) 1949 年以后，大熊猫被首先送到了（　　）。

    A. 苏联　　　　　　　　　B. 美国

    C. 朝鲜　　　　　　　　　D. 联邦德国

(3) 熊猫作为"国礼"的时代已经结束了，其原因不包括（　　）。

    A. 数量稀少　　　　　　　B. 难以捕捉

    C. 熊猫生活环境的恶化　　D. 熊猫本身的寿命短

(4) 下面说法正确的是（　　）。

    A. 曾有德国动物园园长来中国捕捉熊猫

    B. 1949 年以前英国就获得过中国赠送的熊猫

    C. 1949 年以后中国只送给美国一只熊猫

    D. 中国曾经送给日本天皇北极熊和熊猫

2. 选择划线词语的意思并连线。

(1) 新中国政府向莫斯科赠送了一只大熊猫，<u>象征</u>着两国人民的深厚友谊。　　　　　　　　　　　　　　　　一辈子

(2) 美国两家动物园希望"以<u>货币</u>或动物交换一对大熊猫"。　变坏

(3) 英国、荷兰等国也向中国提出了<u>类似</u>的请求。　　　　　代表

(4) 那<u>些</u>得不到熊猫的人们并没有遗憾<u>终身</u>。　　　　　差不多

(5) 现在，大熊猫的栖息地环境正不断<u>恶化</u>。　　　　　　　钱

3. 回答问题。

　　(1) 提到中国，你首先想到什么？为什么？

　　(2) 你的国家大概是在什么时期和中国建立外交关系的？

　　(3) 现在你的国家来中国的人多吗？主要是来做什么的？

小知识 Cultural Tips

庄则栋与美国乒协主席斯廷霍文切磋球艺

乒乓外交
Ping-Pong Diplomacy

　　在"熊猫外交"之前，中国还有一段被称为"小球推动大球"的"乒乓外交"。1971 年，中国乒乓球代表团抵达日本名古屋参加世界乒乓球锦标赛。当时中国和世界上许多国家还没有建立外交关系，在很多人眼中是"神秘"的。1971 年 4 月 4 日，美国运动员科恩急急忙忙步行赶去体育馆。当他经过中国队的汽车时，中国选手主动打手势邀请他一同乘车，并与他握手，互赠礼物。同年 4 月 10 日，中国首次邀请加拿大、英国、哥伦比亚、尼日利亚、美国共 5 个国家的乒乓球代表团访华，打开了紧闭二十多年的国门。这些乒乓球队成为了中外的民间外交特使。

　　Before "Panda Diplomacy," China had one stage that was referred to as "Ping-Pong Diplomacy" as the "little ball pushing the big ball forward." In 1971, the Chinese ping-pong team arrived in Nagoya City in Japan to take part in the world ping pong championship. At that time, China still had not developed diplomatic relations with many countries in the world, and was regarded as "mysterious" in the eyes of many. On April 4th , 1971, the US athlete Cohen was hurriedly making his way to the gymnasium. When he passed the Chinese team's bus, a Chinese athlete used hand gesture to invite him to take the same bus, shook hands with him, and exchanged gifts. On April 10th of the same year, China invited the ping-pong teams from five countries of Canada, Britain, Colombia, Nigeria, and the US to visit China for the first time, opening the gateway to the country that had been tightly closed for over 20 years. These ping-pong players became diplomatic envoys of different countries.

爱的力量

Ài de lìliang

The Power of Love

在强大的自然面前，人类的力量有多大？答案也许是：爱有多深，力量就有多大。

忽略 (hūlüè) v.
ignore

雷米和珊德拉结婚已经两年了，雷米是土耳其一家报社的记者，珊德拉是一位中学教师。4 月 30 日是他们的结婚纪念日。下午，珊德拉很早就准备了一顿丰盛的晚餐，还打算送给丈夫一件神秘的礼物。

可一直等到深夜，雷米才回到家。丈夫忽略了这么重要的纪念日，珊德拉非常生气。虽然雷米敲门解释说是因为工作繁忙才忘记，珊德拉还是赌气没开卧室的门，雷米只好去书房休息。

忽然，只听一声巨响，整个房子好像都在颤抖，珊德拉只听见隔壁的雷米大声叫她赶紧钻到床底下去，她刚刚将身子藏到床下，就觉得眼前一黑，什么都不知道了。

也不知过了多久，珊德拉才恢复了意识。她发现四周一片黑暗，浑身疼痛。珊德拉这才意识到自己被埋在了地震的废墟中，大哭起来。这时，从附近传来了雷米的声音："亲爱的，别害怕，我在这儿呢！"

因为书房和卧室之间的墙壁已经倒塌，雷米离妻子非常近，不停地安慰着："别害怕，亲爱的，不是还有我在你身边吗？""亲爱的，你还记得吗？你说有份神秘礼物要送给我的，现在收不到，等我们出去后你可要给我呀！"

珊德拉的心里不禁一阵难受，这件礼物也许再也没有机会送给丈夫了，她对自己能否活着从废墟里爬出去不抱任何希望。于是，沉默了一会儿，她低声告诉雷米，她怀孕了！

"雷米！"珊德拉说，"我的伤可能很严重，可能见不到你，

赌气 (dǔqì) *v.*
feel wronged and act rashly

颤抖 (chàndǒu) *v.*
shake

废墟 (fèixū) *n.*
ruins

倒塌 (dǎotā) *v.*
collapse

挪 (nuó) *v.*
move, shift

仿佛 (fǎngfú) *adv.*
as if

模糊 (móhu) *adj.*
indistinct

救援 (jiùyuán) *v.*
rescue

挖掘 (wājué) *v.*
dig out, excavate

僵硬 (jiāngyìng) *adj.*
stiff

也见不到我们的孩子了。我真希望你能抱抱我呀！"

"不，亲爱的，你会平安无事的！我也会没事的。我还能动，我可以把塌下来的石块挪开，然后我就能见到你了。"

听到雷米还能挪开石块过来救自己，珊德拉感觉眼前一亮。这时，她耳边果然传来了石块被搬动的声音，这一刻，她仿佛听到了世界上最好听的音乐。

可是由于失血过多，珊德拉的意识越来越模糊，只想睡去，再也不想说话。几个小时过去了，雷米不断重复唱着的情歌、对未来幸福生活的描述，使她最终坚持了下来。

一线光明从头顶照射下来，珊德拉终于得救了。忽然，珊德拉发现抱住她的是救援人员，而不是丈夫。她赶紧提醒他们废墟下还躺着她丈夫。救援人员于是迅速进行挖掘。但让所有人都大吃一惊的是，他们发现的只是雷米由于身受重伤已经僵硬的尸体，还有一支已经工作了四五个小时，电池能量即将用完、声音十分微弱的录音笔……

语言点 Language Points

1. 珊德拉的心里<u>不禁</u>一阵难受，这件礼物也许再也没有机会送给丈夫了。

   "不禁"，动词。意思是忍不住。

   "不禁" is a verb. It means to be unable to bear, or can't help but to do something.

   （1）珊德拉发现四周一片黑暗，浑身疼痛。她这才意识到自己被埋在了地震的废墟中，不禁大哭起来。

   （2）看到雷米身边那支已经工作了四五个小时、电池能量即将用完的录音笔，所有人都不禁大吃一惊。

   > **不禁**
   > can't help, can't refrain

2. 听到雷米还能挪开石块过来救自己，珊德拉感觉<u>眼前一亮</u>。

   "眼前一亮"，意思是突然听到、想到、看到某人或某事以后，觉得非常惊喜。

   "眼前一亮" means to suddenly hear, remember, or see something, and then to feel pleasantly surprised upon doing so.

   （1）找工作时，你的简历一定要有几处能让人眼前一亮的地方。

   （2）为了这个难题，王老板已经想了好久，这天在办公桌前，他忽然眼前一亮，想出了解决办法。

   > **眼前一亮**
   > to be surprised after hearing, remembering, seeing something

3. 她赶紧提醒救援人员，废墟下还躺着她丈夫，救援人员于是迅速<u>进行</u>挖掘。

   "进行"，动词。表示从事某种持续性的活动。后面一般接双音节动词。

   "进行" is a verb. It expresses an engagement in some kind of sustainable activity, it is frequently followed by a bi-syllabic verb.

   （1）随着科学的发展，人类对月亮进行探索的愿望也越来越强烈。

   （2）今天我们要对各国的文化差异进行讨论，希望大家积极发言。

   > **进行**
   > advance, carry out

练 习 Exercises

1. 回答问题。

(1) 珊德拉给丈夫准备的"神秘礼物"是什么？

(2) 地震后，雷米都做了哪些努力？

(3) 录音笔里录了什么？

2. 选词填空。

倒塌　　繁忙　　微弱　　眼前一亮　　赌气　　录音笔

在报社工作的雷米因为工作_____没能回家陪妻子过结婚纪念日，虽然敲了半天门，妻子还是_____让他睡在了书房。半夜，地震了。在_____的废墟中，雷米发现自己已经身受重伤。但他还是一直安慰着妻子，听到妻子怀孕的消息后，他更加着急，自己的力量越来越_____，很可能在妻子最需要的时候先离开她……想着想着，他忽然_____，拿出了身边的_____，录下了自己充满鼓励和爱的话，录下了妻子最喜欢的情歌，并在生命的最后一刻，按下了"播放"键……

3. 选择划线词语的意思并连线。

(1) 珊德拉只听见<u>隔壁</u>的雷米大声叫她赶紧钻到床底下去。　　　　　　死后的身体

(2) 她对自己能否活着从废墟里爬出去不<u>抱</u>任何希望。　　　　　　墙另一边的房间

(3) 他们发现的只是雷米由于身受重伤，已经僵硬的<u>尸体</u>。　　　　　　小、不清楚

(4) 废墟里有一只已经工作了四五个小时、声音十分<u>微弱</u>的录音笔……　　　　怀有

唐山

小知识 Cultural Tips

中国的唐山地震和汶川地震

The Earthquakes in China's Tangshan and Wenchuan

1976 年 7 月 28 日，中国唐山发生里氏 8.3 级地震，由于地震发生在人口稠密的工业城市，因此损失巨大、伤亡惨重。

2008 年 5 月 12 日，中国四川省汶川县发生里氏 8.0 级地震。为表达全国各族人民对遇难同胞的深切哀悼，2008 年 5 月 19 日至 21 日被定为全国哀悼日。在此期间，全国和各驻外机构下半旗志哀，停止公共娱乐活动。5 月 19 日 14 时 28 分起，全国人民默哀 3 分钟，汽车、火车、舰船鸣笛，防空警报鸣响。

On July 28th, 1976, China's Tangshan experienced an earthquake of 8.3 magnitude on the Richter scale, and since the quake took place in a densely populated industrial city, the loss was immense and the death toll was huge.

On May 12th, 2008, China's Wenchuan County in Sichuan Province experienced an 8.0 magnitude earthquake. To express the heartfelt grief of all of the country's people at the loss of their countrymen, the days from May 19th to May 21st, 2008 were grieving days for the entire country. During this time, organizations all over the country and those stationed abroad all flew flags at half-mast to mark their sorrow, and stopped public entertainment activities. At 2:28 pm on May 19th, the nation paid a three-minute tribute of silence where cars, trains, warships, and the military sounded their horns and alarms.

汶川

友谊第一　比赛第二

Friendship Comes Before Competition

奥运会的会旗"五环旗",象征着全世界不同国家、不同肤色的人团结在一起。那么,是友谊重要呢,还是比赛的成绩重要呢?可能会有人回答:都重要。

纪录 (jìlù) *n.*
record

感染 (gǎnrǎn) *v.*
infect

每一届奥运会留给我们的,除了一个个新的世界纪录外,还有无数有趣的故事和美好的回忆。

很多学生都是学习也好,体育也好。首届现代奥运会召开时,英国牛津大学的学生博兰正在雅典旅游,热爱网球的他在旅行时总是随身携带球拍。他为赛场上火热的气氛所感染,于是现场报名，最终成为奥运史上第一位网球单打冠军。

但在同一届奥运会上，还有一个学生比他更厉害。来自美国普林斯顿大学的加勒特，之前从来都没有练过铁饼，但他对古希腊著名的雕塑——《掷铁饼者》十分着迷。当他得知雅典举行奥运会的消息后，就很想去参加比赛。但当时美国还没有开展这项运动，加勒特对掷法一无所知。于是，他自己制作了一个铁饼，并按照《掷铁饼者》中的姿势，在家中随便练了几下就仓促来到雅典。到比赛时他才发现，那里的铁饼比自己做的那个轻多了。于是，他意外地获得了冠军。

这两个故事说明，那时候想进奥运会的赛场是很容易的。后来，赛场管理就变得严格了，想和博兰一样随便进去已经不可能了。1956 年第 16 届奥运会时，美国选手杜马由于以前成绩不太好，根本没有得到教练的注意。比赛前，教练带着其他运动员离开了宿舍，根本没有发现少了一个人。而杜马因为找不到教练，只好一个人来到运动场。但是运动场门口的看门人不相信他是参赛选手，他只好自己买了一张门票进入赛场。入场后他发现跳高比赛就要开始了，他只好不做准备活动直接投入比赛。最后，杜马竟夺得了冠军，并打破了世界纪录。

雕塑 (diāosù) *n.*
statue

掷 (zhì) *v.*
cast, throw

开展 (kāizhǎn) *v.*
develop

仓促 (cāngcù) *adj.*
hurried

严格 (yángé) *adj.*
strict

选手 (xuǎnshǒu) *n.*
player

投入 (tóurù) *v.*
join

固然 (gùrán) *conj.*
no doubt, admittedly

从事 (cóngshì) *v.*
be engaged in

咕嘟 (gūdū)
(onomatopoeia)

希腊 (Xīlà) *n.*
Greece

桂冠 (guìguān) *n.*
laurel

建立 (jiànlì) *v.*
establish

沉浸 (chénjìn) *v.*
be steeped in

赛场上的比赛固然引人入胜，但教练和选手之间、选手和选手之间的真情和友谊，更加令人难忘。1968 年的墨西哥城奥运会上，美国游泳队光金牌就夺得了 21 块，选手们纷纷把自己的奖牌挂在教练的胸前，并把他扔进了游泳池。只见这个多年从事游泳教练工作的人一下子沉了下去，水泡咕嘟咕嘟地不断往上冒。队员们惊呆了，赶快下水去救，经过半天的人工呼吸，他们的教练才转危为安。从此，这位教练只要看到队员们获胜，就马上悄悄藏起来。

首届现代奥运会的 100 公里自行车比赛中，法国选手弗拉明一直领先。突然，他发现希腊选手的赛车坏了。当时不允许更换赛车，修不好就只能退出比赛。弗拉明立即停下来帮助希腊选手修好了赛车。最后，弗拉明还是摘取了桂冠！

1932 年第 10 届奥运会上，美国女选手希莉获得了跳高金牌，然而她十分感激银牌的获得者迪德里克森。她们两人一直互相鼓励，互相学习，建立了深厚的友情，比亲姐妹还亲。她俩一起登上领奖台时，又是欢呼，又是拥抱，共同沉浸在胜利的喜悦中。奥运会结束后，她俩把各自的奖牌切开，各留一半，作为两人友谊第一、比赛第二的永久纪念。

语言点 Language Points

1. 他为赛场上火热的气氛所感染，于是现场报名，最终成为奥运史上第一位网球单打冠军。

   "为……所……"，固定结构。表示被动意义。构成"为 + 名词 + 所 + 动词"的格式。多用于书面语。

   "为……所……" is a set structure. It expresses a passive meaning. It is comprised of "为" + noun + "所" + verb, and frequently used in written language.

   （1）很多中国消费者就是为"可口可乐"这个好听的名字所吸引，买下了第一瓶可乐。

   （2）9 秒 77，观众们都为这个新的男子 100 米世界纪录所震撼，纷纷起立鼓掌。

   > 为……所……
   > to be (verb after 所)
   > by (noun after 为)

2. 当时美国还没有开展这项运动，他对掷法一无所知。

   "一无所知"，成语。意思是什么也不知道，完全不了解。常构成"对……一无所知"的格式。

   "一无所知" is an idiom. It means not knowing anything, and completely not understanding. It is frequently used in this structure "对……一无所知".

   （1）长期以来，他专心从事电影工作，对其他行业一无所知。

   （2）如果一个外来品牌对我们的本土文化一无所知，其产品就不可能在这里长久地畅销。

   > 一无所知
   > not knowing anything at all

3. 赛场上的比赛固然引人入胜，但教练和选手之间、选手和选手之间的真情和友谊，更加令人难忘。

   "引人入胜"，成语。形容风景、艺术作品、比赛情况等非常吸引人。

   "引人入胜" is an idiom. It describes sceneries, artworks, the circumstance of a competition, etc., as extremely interesting.

   （1）莱茵河两岸的风光无比美丽，引人入胜。

   （2）这部小说的故事情节虽然不像侦探小说那样引人入胜，但是温暖感人，还是给我留下了深刻的印象。

   > 引人入胜
   > enchant, fascinate

练习 Exercises

1. 判断正误。

    （1）最初的几届奥运会管理比较宽松，不提前报名也可以参加。

                                                 （   ）

    （2）加勒特的铁饼知识都来自于古希腊雕塑。   （   ）

    （3）1956 年第 16 届奥运会上，赛场的看门人差点儿拒绝了一位冠军入场。   （   ）

    （4）美国游泳队的教练经过那次意外后，再也不敢游泳了。

                                                 （   ）

    （5）首届现代奥运会的自行车比赛中，法国选手弗拉明从一开始就落后。   （   ）

2. 根据课文内容，完成表格。

奥运会	选手	比赛项目	赛场故事
1896年 首届	博兰		
	加勒特		
	弗拉明		
1932年 第10届			
1956年 第16届			
1968年 第19届			

3. 回答问题。

    （1）在课文或你记忆中，印象最深的体育比赛的故事是什么？

        为什么？

    （2）你觉得体育比赛中最重要的是什么？为什么？

    （3）如果你能做一天奥委会主席，你最想做的是什么？

小知识 Cultural Tips

体育比赛与奥运精神
Sports Competitions and the Spirit of the Olympics

    体育比赛的第一名、第二名、第三名分别叫做"冠军"、"亚军"和"季军"，分别获得金牌、银牌和铜牌。如果超过了全世界的最好成绩，就叫"打破世界纪录"。

    比赛成绩固然重要，然而体育精神却更加可贵。奥运精神可以概括为：相互了解、友谊、团结和公平竞争。它强调对文化差异的容忍和理解，强调相互了解、友谊和团结以及竞技运动的公平与公正。奥运会的口号是"更高、更快、更强"，鼓励人们挑战自我、努力拼搏。此外，"重在参与"也能体现奥运精神。毕竟拿到冠军的是少数，能在运动场上展示、参与就是一种成功。

    The 1st, 2nd, and 3rd place competitors in sports competitions are called the *guanjun* (champion), *yajun* (runner up), and *jijun* (third place), and win the gold, silver, and bronze medals respectively. If one beats the best score in the world, it's called *dapo shijie jilu*, or breaking the world record.

    Though the results of any competition are admittedly important, the spirit of sporting is something to be treasured even more. The Olympic spirit can be summarized as: mutual understanding, friendship, unity, and fair competition. It emphasizes tolerance and understanding for differences in culture, emphasizes mutual understanding, friendship, unity, and the fairness and impartiality of competitions of athletic skill. The Olympic motto is "higher, faster, stronger," which encourages people to challenge themselves, and to strive for their best. In addition, an "emphasis on participation" also embodies the Olympic spirit. After all, it is only a select few who will be champions, but for those that have the opportunity to be on the playing field, participation is its own form of success.

12

Rényú gōngzhǔ

人鱼公主

The Little Mermaid

你听说过《人鱼公主》的故事吗？美丽的人鱼公主和姐姐们很早就失去了母亲，被老祖母抚养长大。有一天，她救了遭遇海上风暴的王子，王子却不知道真相……

扯 (chě) *v.*
pull, tear

安徒生 (Āntúshēng) *n.*
Hans Christian Andersen

人鱼 (rényú) *n.*
merman, mermaid

神圣 (shénshèng) *adj.*
holy

童话，并不只是给儿童读的。

我在成年之后，还常常读童话。烦心的时候，从书架上随手扯出的书，必是童话。比如安徒生的《海的女儿》，我就读过多遍。它也被翻译成《人鱼公主》。比较起来，我更喜欢"人鱼公主"这个名字。海的女儿，好像太神圣了些。人鱼呢，就显得神秘，更像童话。

大约 8 岁的时候，第一次读到人鱼公主的故事，读完后泪流满面。从此，看到脸盆里的泡沫就有些发呆，而且还觉得人鱼公主应该上学去，学会写字。就算她原来住在海底，跟陆地上用的文字不同，以她那样的聪慧，学会普通的表达，也该用不了多长时间吧？比如我自己，不过是个人类的普通的孩子，小学二年级就可以看童话了，人鱼公主应该很快就能用文字把那天的故事写给王子。这不就真相大白了吗！

大约 18 岁的时候，又一次比较认真地读了人鱼公主。这一次很容易地就读出了爱情。原来，她是宁可自己死，也不要让自己所爱的人死！她之所以能忍受痛苦，能在刀尖般的甲板上跳舞，是因为不求回报的爱呀！可是那个王子真的值得爱吗？除了长得英俊之外，好像看不出有什么特别啊。游泳技术也不怎么样。而且，王子怎么可以这样糊涂呢？人鱼公主看他的眼神，一定是含情脉脉的，他怎么就一点儿"放电"的感觉也没有呢？好呆！

到了 28 岁的时候，我已经做了妈妈。不禁关心起人鱼公主的家人来了。她的母亲在生了 6 个女儿之后去世了，我猜她

泡沫 (pàomò) *n.*
foam

陆地 (lùdì) *n.*
land

聪慧 (cōnghuì) *adj.*
bright, clever

含情脉脉
(hánqíng-mòmò)
tender-hearted

心疼 (xīnténg) v.
love dearly

起居 (qǐjū) n.
everyday life

无微不至
(wúwēibùzhì)
in every possible way,
meticulous

年迈 (niánmài) adj.
old, aged

探讨 (tàntǎo) v.
investigate, probe

顽皮 (wánpí) adj.
naughty

救赎 (jiùshú) v.
salvation

临死之前，一定非常放心不下她的女儿，特别是最小的女儿。祖母老皇后心疼孩子，不但在饮食起居方面无微不至地照顾孩子们，而且还给她们讲海面上的故事。当人鱼公主遇到了危难的时候，老皇后的一头白发都掉光了，她已经年迈体弱，还是升到海面上，看望自己的孙女。小人鱼的勇敢和善良，很多都来自于她的祖母啊！

到了 38 岁的时候，因为我也开始写小说，读人鱼公主的时候，就探讨起安徒生的写作来了。我有点儿奇怪，结尾处是不是有点儿画蛇添足？如果人鱼公主在空中看到了一个顽皮又品行不好的孩子，就会伤心地落下泪来，这样，300 年的时间就会延长。我不知道安徒生是否喜欢这个结尾，反正，我有点儿迟疑。干吗把救赎工作交给小孩子啊？是不是太沉重了？

现在我已经 48 岁了，我仍然觉得《人鱼公主》是一个好故事，常读常新。有时想，当我 58 岁、68 岁、78 岁……108 岁（但愿能够）的时候，不知又会读出什么？

语言点 Language Points

1. 这不就真相大白了吗！

> 真相大白
> The whole truth is revealed.

"真相大白"，成语。表示事情的真实情况终于完全清楚了。

"真相大白" is an idiom. It expresses that something's real circumstance has finally been made completely clear.

(1) 经过警察几个昼夜的努力，这起谋杀案终于真相大白了。

(2) 古代人对白天出现的日食非常害怕。随着科学的发展才真相大白，原来只是月球挡住了太阳光。

2. 她之所以能忍受痛苦，能在刀尖般的甲板上跳舞，是因为不求回报的爱啊！

> 之所以……是因为……
> (a result or circumstance) … is because …

"之所以……是因为……"，关联词语，表示因果关系。"之所以"用在因果复句的前一分句，引出结果；"是因为"用在后一分句，解释原因。

"之所以……是因为……" is a conjunction phrase. It expresses a cause and effect relationship. "之所以" is used in the first part of the compound cause and effect sentence, demonstrating the outcome; "是因为" is used in the latter part of the sentence, explaining the reason.

(1) 人类之所以能登上月球，就是因为人类具有丰富的想象力和创造力。

(2) 地震废墟下受伤的人们之所以能坚持下来，是因为求生的愿望和互相的鼓励支撑着他们。

练 习 Exercises

1. 根据课文内容，完成表格。

年龄	关心的焦点	原因	具体想法
8 岁			
18 岁			
28 岁			
38 岁			

2. 判断正误。

(1) "我"从小时候到现在，都喜欢读童话。 （　）

(2) 8 岁的时候第一次读《人鱼公主》，"我"就被她的爱情感动哭了。 （　）

(3) 38 岁的时候，"我"开始关心人鱼公主的祖母和家庭。（　）

(4) "我"不太喜欢《人鱼公主》这个故事的结尾。 （　）

(5) 如果能活到 108 岁，"我"相信自己还愿意多读书、多思考。

（　）

3. 选词填空。

真相大白　　去世　　聪慧　　年迈　　陆地　　含情脉脉

人鱼公主的母亲很早就＿＿＿＿＿＿了。她和＿＿＿＿＿＿的老祖母以及姐姐们一起生活在海里。有一天，她救了一位＿＿＿＿＿＿上的王子并爱上了他。因为对王子有着不求回报的爱，所以她用声音作交换，把鱼尾变成了人腿，来到了王子身边。虽然她依然_____，仍然能用_____的眼神看着王子，但是由于她不能说话，始终不能让事情_____。

中国孩子熟悉的童话
Fairy Tales That Chinese Children Are Familiar With

  德国的《格林童话》、丹麦的《安徒生童话》里的很多故事都是中国儿童熟悉的，除了《人鱼公主》外，还有《白雪公主》、《灰姑娘》、《睡美人》、《小红帽》、《丑小鸭》、《卖火柴的小女孩》等。

  陪伴中国孩子长大的中国故事，最著名的要算《西游记》了。故事的主人公是一只本领高强、聪明勇敢的猴子——孙悟空。孙悟空和师父、师弟四人一路历险取经的故事让中国孩子痴迷不已。

Chinese children are familiar with the German Grimm's fairy tales, and the Danish Hans Christian Andersen fairy tales. Aside from *The Little Mermaid*, there are also *Snow White, Cinderella, Sleeping Beauty, Little Red Riding Hood, The Ugly Duckling, The Little Match Girl*, etc.

The most notable story that accompanies Chinese children when they grow up has to be *Journey to the West*. The main character is a monkey of superior skills, intelligence and bravery named Sun Wukong. Sun Wukong along with his master, and two fellow disciples set out along a road filled with adventure to recover scriptures, and the story that ensued has captivated Chinese children.

13

Yángguāng jìhuà
阳光 计划
Sunshine Plan

你知道白血病（báixuèbìng：leukemia）吗？一位勇敢的年轻人已经和白血病抗争了多年，但他的身上和心里始终充满了阳光。

追逐 (zhuīzhú) v.
pursue, chase

奔波 (bēnbō) v.
rush about

上帝的玩笑

1995 年，我考入北京大学数学科学学院。和所有追逐着理想的同学一样，从本科到研究生，在无数个普通而又美好的日子里，我每天奔波于教室、食堂和宿舍之间。

2001 年的 12 月 4 号，一切都改变了。我发现眼睛里有一个小斑点，医院的检查结果很快出来了，是三个很漂亮的英文字母——CML，中文意思却是我永远都不会想到的一个词——白血病。

医生告诉我，得了这种病的平均寿命是 5 年，而最佳的治疗方案是骨髓移植。要想做骨髓移植，就必须要 HLA 完全匹配。

阳光的开始

通过查阅资料，我知道了，没有血缘关系的人 HLA 也有可能完全匹配。只是由于没有血缘关系的人 HLA 匹配的机会非常小，只有万分之一，所以必须要有一个很大的骨髓库。

于是，我有了一个想法——建立中国第一个民间骨髓库，检测愿意捐献骨髓的志愿者的 HLA 数据，之后保存资料，供所有需要骨髓移植的人免费查询。阳光，意味着生命和希望，所以这个骨髓库将叫做"阳光骨髓库"。

但是，一个人的检测费用就需要 500 元人民币。我们怎么解决资金的问题呢？我的父母拿出了 50000 元，用于检测前 100 个捐献者。

斑点 (bāndiǎn) *n.*
spot

寿命 (shòumìng) *n.*
life span

骨髓 (gǔsuǐ) *n.*
bone marrow

移植 (yízhí) *v.*
transplant

匹配 (pǐpèi) *v.*
match

血缘 (xuèyuán) *n.*
blood relationship

库 (kù) *n.*
warehouse, storehouse

检测 (jiǎncè) *v.*
detect

捐献 (juānxiàn) *v.*
donate

数据 (shùjù) *n.*
data, statistics

残酷 (cánkù) *adj.*
cruel

康复 (kāngfù) *v.*
recover from an illness

瞬间 (shùnjiān) *n.*
instant, moment

在 2002 年 3 月 11 日我的生日那天, 我们的第一步计划——"阳光 100"完成了。

生命的坚持

我的病给家庭带来了极大的影响。为了我每月两万多元的医药费, 父亲和弟弟都转了行, 放弃了自己热爱的事业。更残酷的是, 没多久我就知道了, 骨髓移植对于我自己来说, 并不是最佳的治疗方案。

还要不要坚持? 无数次, 我问自己。

2003 年的 1 月 18 日, 一位北京的小朋友和阳光骨髓库里的一位捐献者骨髓完全匹配。这意味着, 只要能成功地完成骨髓移植, 这位可爱的小朋友就可以康复, 回到正常的生活中。

得到消息的那一瞬间, 我开始真切地感受到上帝在关上门的同时, 又让我拥有了一双可以为别人打开一扇窗的手。我想, 从此以后, 只要这个世界上还有阳光, 我就会坚持下去。

语言点 Language Points

1. 从本科到研究生，在无数个普通而又美好的日子里，我每天奔波于教室、食堂和宿舍之间。

   "无数"，形容词。形容非常多，无法计算。不能受"很"等程度副词修饰。

   "无数" is an adjective. It expresses a large amount, with no way to calculate. It cannot be used with other degree modifying adverbs like 很.

   （1）一瞬间，无数想法在她的脑海中闪过。

   （2）失败是成功之母，成功的机会和希望，就在于无数次的失败中。

   无数
   countless

2. 阳光,意味着生命和希望,所以这个骨髓库将叫做"阳光骨髓库"。

   "意味着"，动词。意思是含有某种意义，表示，代表，标志。常带动词或小句作宾语。多用于书面语。

   "意味着" is a verb. It means to contain some kind of meaning, to express, represent, or symbolize. It frequently has verbs or small phrases as an object. It is mostly used in written language.

   （1）对大多数人来说，迈出大学校园意味着面临新的挑战。

   （2）中国加入 WTO 意味着将有更多的品牌在中国这个大市场上获得更多的机会。

   意味着
   signify, mean, imply

练 习 Exercises

1. 判断正误。

(1) 在研究生时期，"我"被发现得了白血病。 （ ）

(2) 骨髓移植是最佳治疗方案，但是由于经济困难，"我"一直做不了。 （ ）

(3) 没有血缘关系的人 HLA 一定不能完全匹配。 （ ）

(4) "阳光计划"需要资金，也需要志愿者。 （ ）

(5) 父亲和弟弟都为了多挣钱给"我"治病而换了工作。（ ）

2. 排列顺序。

A. 医院正式通知"我"得了白血病。 （ ）

B. 为了做骨髓检测，父母拿出了一笔钱。 （ ）

C. 北京的一位小朋友找到了捐献者。 （ ）

D. "我"开始读研究生。 （ ）

E. "我"打算建立中国第一个民间骨髓库。 （ ）

F. "我"考上了北京大学数学科学学院。 （ ）

G. "我"发现眼睛里有一个小斑点，去医院检查。 （ ）

3. 回答问题。

(1) 课文中的父母为了支持孩子，作出了哪些努力？

(2) 如果知道自己只有一年的寿命了，你会做什么？为什么？

(3) 你曾经参与过献血、义务服务等公益活动吗？

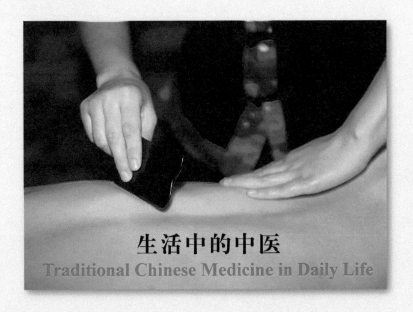

生活中的中医
Traditional Chinese Medicine in Daily Life

　　虽然治疗白血病这样的恶性疾病主要靠西医，但在中国人的日常生活中，中医仍然发挥着巨大的作用，例如，对于感冒发烧、肥胖、皮肤病、消化不良等常见病，中医都有独到的治疗方法。以感冒发烧为例，除了可以吃各种中药外，多喝水、盖上厚被子多出汗、喝姜汤也都能促进康复。还有一种"刮痧"的方法，用玉或者白瓷勺，在病人的背部皮肤上刮出一条条紫红色的痕迹，就可以把病治好。这种方法没什么痛苦，效果却很好。

Although the curing of malignant diseases like leukemia relies mainly on western medicine, but in the daily lives of the Chinese, traditional Chinese medicine still has a huge impact. For example, with frequently seen illnesses like fevers and colds, obesity, dermatitis, indigestion etc., Chinese medicine has its own original cure. Take a fevered cold for example. Aside from taking all kinds of medicines, drinking a lot of water, covering yourself with a thick blanket and sweating, and drinking ginger soup can all help in recovery. There is also a technique used in Chinese medicine called *guasha*, which requires only a jade or porcelain spoon, and involves carving out red-purple scrape marks on a patient's back, which can cure the illness. This method does not cause any pain, and the effect is actually quite good.

14

Tiàoshuǐ nǚhuáng Fú Míngxiá

跳水女皇伏明霞

The Diving Empress Fu Mingxia

伏明霞，三届奥运冠军，是最年轻的世界冠军，也是中国人心目中的"跳水女皇"，而她的人生经历也很有传奇色彩。

翻转 (fānzhuǎn) *v.*
turn over

柔韧性 (róurènxìng) *n.*
flexibility

伏明霞目前为止三十多年的生命可以概括为：起跳、翻转、入水、出水。

起跳

伏明霞 7 岁时就开始接受体操训练，因为柔韧性较差，被体操教练放弃，然后才改学跳水。她的父亲回忆说："当时条件很艰苦。一间大房子里，拉个帘子，一边住男生，一边住女生。因为水里漂白粉重，天天在水里，头发都泡黄了。"

更大的艰苦来自于背井离乡、独自闯荡。1989 年，伏明霞进入国家队，开始接受更加严酷的训练，难得回家。父母工作忙，家里又穷，去北京看一趟也不容易。有时去比赛路过武汉，她就事先写信通知父母到火车站去见上一面。

翻转

1992 年，14 岁的伏明霞以近五十分的巨大优势摘得巴塞罗那奥运会的 10 米跳台桂冠。随后，她那灿烂的笑容也登上了《时代》周刊的封面，成为第一个登上《时代》周刊封面的中国运动员。

但备战 1996 年亚特兰大奥运会的伏明霞陷入了困境。一方面，由于身体开始发育，完成动作所遇到的难度不断增加；另一方面，青春期特有的逆反心理，以及一夜成名后的良好感觉，使得伏明霞对训练开始反感和抗拒。但她是一个非常传统的、懂得忍受与服从的运动员。多数时候，"她可能前一天叫嚷着再也不练了，第二天早晨一到 6 点，照样起床、训练。"1996 年的亚特兰大奥运会上，世界再次为她所倾倒，她成为中

漂白粉 (piǎobáifěn) *n.*
bleaching powder

闯荡 (chuǎngdàng) *v.*
leave home to make a
living or gain experience

青春期 (qīngchūnqī) *n.*
puberty

逆反 (nìfǎn) *v.*
be antagonistic

倾倒 (qīngdǎo) *v.*
fell for

强制 (qiángzhì) *v.*
enforce

退役 (tuìyì) *v.*
retire from the military

便装 (biànzhuāng) *n.*
plain clothes

生疏 (shēngshū) *adj.*
unfamiliar, strange

崛起 (juéqǐ) *v.*
rise abruptly (to a
towering position)

国唯一一个跳台、跳板双料奥运冠军。

不过，对强制训练的厌倦，还是让她在 1997 年选择了退役，到清华大学读书。

入水

1998 年的某个下午，伏明霞的教练于芬正带着跳水队在北京某体育馆训练。伏明霞身着便装出现在水池边，看了一会儿，她问于芬："你看我还能练么？"

对于已经停止训练一年多的伏明霞来说，恢复状态谈何容易。她的个子长高了，体重增加了，跳水的动作生疏了，甚至连水花也压不住了。她本可逃离这一切。那时的她，已是清华大学工商管理专业的学生。而且，年轻运动员郭晶晶也已迅速崛起。

但是这一次，是她自己选择了严酷的训练。

她的恢复速度近乎奇迹，短短几个月就回到全国前三名的行列。2000 年的悉尼奥运会上，"跳水女皇"拿下了她个人的第四枚奥运金牌。之后，她再次登上了《时代》周刊的封面。

出水

再次退役之后，伏明霞的面孔越来越多地出现在媒体的娱乐版上。

2002 年 3 月，香港财政司司长梁锦松在接受采访时，证实他正与伏明霞热恋，并准备一年内结婚。7 月，两人在夏威夷举行了婚礼。

双方在年龄上 26 岁的差距以及在财富、地位上的差异，让这段婚姻的轰动影响甚至超过了夺取奥运金牌。"别人怎么看，我们左右不了，但我怎么生活，是我自己的事"。

伏明霞就此慢慢退出公众的视线。她先为人妇，再为人母。如今在香港浅水湾半山的一栋别墅里，她已是三个孩子的母亲，相夫教子，深居简出，平静度日。这正是她一直想要的生活。在记忆中，她一直记得一个场景：某次夺得冠军的时候，全场人为她欢呼；接下来的发布会上，她又被闪光灯包围；当发布会散场后，她一个人背着背包走在路上，突然觉得刚才的一切那么不真实。"不管你是谁，辉煌之外，你总要回到生活中吧。生活才是最真实的"。

轰动 (hōngdòng) *v.*
cause a sensation, make a stir

相夫教子 (xiàngfū-jiàozǐ) support one's husband and raise children

深居简出 (shēnjū-jiǎnchū) live in the seclusion of one's home

语言点 Language Points

背井离乡
to leave one's native place

1. 更大的艰苦来自于背井离乡、独自闯荡。

"背井离乡"，成语。意思是远离家乡，在外生活，一般含有不得已的意思。也可以说"离乡背井"。

"背井离乡" is an idiom. It means being far away from one's home, often against one's will. You can also say "离乡背井".

（1）在北京、上海等大城市，都有无数的外来农民工。他们背井离乡，每天辛勤工作，为中国的发展作出了巨大的贡献。

（2）很多人虽然已经在国外生活多年，但是由于文化、习惯等方面的差异，仍然常常会感到背井离乡的孤独和痛苦。

一夜成名
become famous overnight

2. 青春期特有的逆反心理，以及一夜成名后的良好感觉，使得伏明霞对训练开始反感和抗拒。

"一夜成名"，成语。意思是短时间内突然成为名人，为人们所熟悉。

"一夜成名" is an idiom. It means to suddenly become famous in a short period of time, and be known by all.

（1）很多看上去"一夜成名"的明星，其实都曾经在电影界、歌唱界努力多年，才终于被人们注意。

（2）在地震发生后，有一位乞丐四次向灾区捐款。他也因此一夜成名，成为网友心目中"最感人的乞丐"。

3. 对于已经停止训练一年多的伏明霞来说，恢复状态谈何容易。

> **谈何容易**
> easier said than done

"谈何容易"，成语。指事情做起来并不像说的那么简单容易。

"谈何容易" is an idiom. It means that doing things is not as easy as it seems when talking about them.

（1）对于刚工作的年轻人来说，如果没有父母的资助，一下子就拿出几十万来买房谈何容易。

（2）收入高、学历高的"女强人"找对象谈何容易，毕竟长期以来，中国的家庭结构都是男方的收入和学历高一点儿才好。

练 习 Exercises

1. 确定下面每句话的说话人并连线。

（1）"别人怎么看，我们左右不了，但我怎么生活，是我自己的事。"

（2）"她可能前一天叫嚷着再也不练了，第二天早晨一到 6 点，照样起床、训练。"

A. 伏明霞

（3）"不管你是谁，辉煌之外，你总要回到生活中吧。生活才是最真实的。"

B. 伏明霞父亲

（4）"当时条件很艰苦。一间大房子里，拉个帘子，一边住男生，一边住女生。因为水里漂白粉重，天天在水里，头发都泡黄了。"

C. 伏明霞的教练

2. 根据课文内容，完成表格。

年龄	人生经历
7 岁	开始练习体操
被体操教练放弃以后	
1989 年	
1992 年	
1996 年	
1997 年	
1998 年	
2000 年	
2002 年 3 月	
2002 年 7 月	
现在	

3. 回答问题。

（1）你最喜欢的体育运动是什么？你的水平怎么样？

（2）你最喜爱的运动员是谁？为什么？

（3）你最熟悉的中国运动员是谁？你觉得他或她怎么样？

小知识 Cultural Tips

中国人擅长的体育运动
Sports the Chinese Excel at

在乒乓球、羽毛球、跳水、体操、举重、射击、摔跤、柔道这些运动项目上，中国具有较高水平，经常在世界大赛中取得好成绩。篮球、排球、足球这三大球类运动，在中国也都拥有比较广泛的群众基础。

田径项目大都不是中国的强项，但也曾经有王军霞获得 1996 年亚特兰大奥运会女子 5000 米金牌和女子 10000 米银牌，王丽萍获得 2000 年悉尼奥运会女子 20 公里竞走金牌，刘翔获得 2004 年雅典奥运会男子 110 米栏金牌等等。

The Chinese are very good at ping pong, badminton, diving, gymnastics, weight-lifting, shooting, wrestling, and judo, and often perform very well at these activities in international competitions. Sports like basketball, volleyball, and football have also taken quite a hold and have an extensive fan base.

Track and field events are generally not a strong suit for the Chinese, but once at the 1996 Olympics in Atlanta, female athlete Wang Junxia won the gold medal for the 5,000-meter race, and the silver medal for the 10,000-meter race. Female athlete Wang Liping won the 20 km walk race in 2000 at Sydney, and male athlete Liu Xiang at the 2004 Athens games won the 110-meter hurdles gold medal.

15

Jīn zhū bǎobao

金猪宝宝

Golden Piggy Babies

和世界上很多国家的父母一样，中国的父母也希望自己的宝宝出生在一些特殊的时间。比如，在 2000 年出生的孩子就是"千禧宝宝"，在 2008 年出生的孩子就是"奥运宝宝"。那么"金猪宝宝"是什么意思呢？

掀 (xiān) v.
lift (a lid, cover)

热潮 (rècháo) n.
boom

按照中国的传统历法，2007 年是 60 年才有一次的"金猪年"，按照民间"猪年宝宝有福气"的说法，中国家庭在 2007 年掀起了孕育"金猪宝宝"的热潮。

王红是一位年轻的妈妈，虽然看上去还像一个在学校读书的大学生，但她已成了今年众多"大肚子"中的一员。王红表示：原先自己对属相无所谓，在哪年生宝宝都能接受。但受到老一辈的影响，说 60 年一遇的"金猪"来之不易，不管怎样都要争取生个"金猪宝宝"。既然大家都相信"金猪宝宝"好，那自己也下定决心今年生宝宝了。

和王红有同样想法的父母还有很多。仅仅上海一个城市，2007 年就有 16 万"金猪宝宝"出生。16 万"金猪宝宝"争先恐后来到人间，带来的却是拥挤的医院、糟糕的生产环境、高昂的生产和坐月子费用……还有以后无穷无尽的麻烦。

因为"准妈妈"太多，很多医院不得不把特需病房拆成普通病房，原来住一个人的房间，现在至少能住四个人；原来只有四张床的房间，现在起码有八张。此外，一些"准爸爸"甚至在凌晨时分，就赶到医院外排几个小时的队，为的就是第二天能让太太做身体检查……更不可思议的是，人们发现已经有一些公司注意到了这个市场，开始通过在医院帮人排队来赚钱。

其实，这还只是麻烦的开始。在条件比较好的医院，从怀孕开始检查到生完孩子，费用约为 2 万多元人民币。在条件比较一般的医院，如果住贵宾病房 15 天，加上生育费用，大约也要花费 1.8 万元。按照中国的习惯，生产后的妈妈们还要"坐

原先 (yuánxiān) *n.*
originally

争取 (zhēngqǔ) *v.*
strive for

高昂 (gāo'áng) *adj.*
expensive

生产 (shēngchǎn) *v.*
give birth to

坐月子 (zuòyuèzi)
postpartum rest and
recuperation (for a
month after childbirth)

起码 (qǐmǎ) *adv.*
at the very least

凌晨 (língchén) *n.*
early morning

护理 (hùlǐ) v.
nurse

就业 (jiùyè) v.
obtain employment

描绘 (miáohuì) v.
depict

激烈 (jīliè) adj.
fierce

月子"，生完孩子的一个月内，要每天吃特殊的东西，请专门的"月嫂"来护理。一家月嫂公司介绍，经验丰富的月嫂已被预订到 2007 年年底。月嫂前两年的平均月收入大概是 1000 元，现在基本上都翻了三倍。

中国家庭大都只生一个孩子，因此，很多人觉得"贵也只贵一次，麻烦也只麻烦一次"，但是他们忘了"金猪宝宝"今后还得升学、就业。对于"金猪宝宝"，人口学家们已经描绘了这样一幅图景——2010 年，争着上幼儿园；2013 年，争着上小学；等到上高中、上大学、找工作时，都会因为同龄人太多而竞争激烈。甚至，有人已经预言：等到这些"金猪宝宝"们结婚的时候，会因为人太多订不到地方、办不了婚礼！

语言点 Language Points

1. 60 年一遇的"金猪"来之不易。

　　"来之不易"，成语。意思是"来得不容易"，形容事情的成功、愿望的实现或者财物的取得很不容易。

　　"来之不易" is an idiom. It means not easily obtained, and describes the success of something, the fulfillment of some wish, or the acquisition of some property as very difficult.

　　（1）回顾人类战争与和平的漫长历史，人们深感和平来之不易，值得我们更加珍惜。

　　（2）对于中国父母，一辈子辛苦工作的积蓄当然来之不易，但为了孩子的幸福可以付出一切。

来之不易
be hard-won

2. 16 万"金猪宝宝"争先恐后来到人间，带来的却是拥挤的医院、糟糕的生产环境。

　　"争先恐后"，成语。指争着赶到前面，唯恐落在后面。

　　"争先恐后" is an idiom. It means to struggle to be at the front, for fear of being behind.

　　（1）篮球明星终于走出了体育馆，记者们争先恐后地跑上前，又是拍照又是提问。

　　（2）看到河水，已经又累又渴的羊群立刻争先恐后地跳了进去。

争先恐后
striving to be first, and fearing to be last

3. "金猪宝宝"带来的还有以后无穷无尽的麻烦。

　　"无穷无尽"，成语。表示范围、数量很大，没有穷尽，没有限度。

　　"无穷无尽" is an idiom. It means that the scope or the amount is very large, with no boundary, and no limit.

　　（1）人类的想象从来都是无穷无尽的，科学的发展更不会停住脚步。

　　（2）父母会给予孩子无穷无尽的爱，孩子也会给父母带来无穷无尽的快乐。

无穷无尽
vast and limitless

练习 Exercises

1. 选择正确答案。

　(1)"月嫂前两年的平均月收入大概是1000元,现在基本上都翻了三倍。"
　　现在月嫂的收入是（　　）。

　　A. 1300　　　　B. 3000　　　　C. 4000　　　　D. 3100

　(2)因为"准妈妈"太多,很多医院不得不把特需病房拆成普通病房。"准
　　妈妈"的意思是（　　）。

　　A. 小夫妻　　　　　　　　B. 月嫂

　　C. 坐月子的妇女　　　　　D. 即将做妈妈的人

　(3)此外,一些"准爸爸"甚至在凌晨时分,就赶到医院外排几个小时
　　的队。"凌晨时分"的意思是（　　）。

　　A. 天快亮时　　　　　　　B. 大半夜

　　C. 寒冷的夜里　　　　　　D. 阴暗的黄昏

　(4)但是他们忘了"金猪宝宝"今后还得上学、就业。"就业"的意思
　　是（　　）。

　　A. 参加工作　　B. 考试　　　　C. 写作业　　　D. 谈恋爱

2. 判断正误。

　(1)年轻人本来对孩子的属相不太关注,但是老人们很重视。（　　）

　(2)"金猪年"12年有一次。（　　）

　(3)由于这一年生孩子的人太多,医院准备了很多特需病房。（　　）

　(4)经验丰富的"排队公司"很受欢迎。（　　）

　(5)生孩子的人多了,医院检查的费用可能变高。（　　）

3. 回答问题。

　(1) 本文的写作时间大概是哪一年？

　(2) 在你的国家，父母一般会帮子女带小孩儿吗？情况是怎么样的？

　(3) 在你的国家，父母最重视孩子的什么方面？为什么？

小知识 Cultural Tips

坐月子
Postpartum Rest and Recuperation

"坐月子"是中国人在长期生活中，结合中医理论总结出来的、专门针对妇女生孩子后一个月内的调养、保健方法。现在，虽然"不能洗头洗澡、必须卧床不动"等习惯已经改变，但是很多原则依然很重要，并且确实很有效。除了要结合个人体质调整饮食、避免劳累外，还有很多禁忌，例如不能吹风、不能沾冷水、不能吃生冷的东西，否则即使不马上生病，也会为以后的健康埋下很大的隐患。

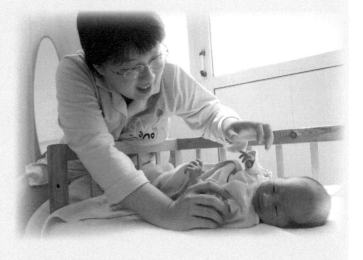

Zuoyuezi is a month-long nursing and healthcare method specially formulated for women who have just given birth, developed based on a combination of traditional Chinese medicine theories. Currently, although some practices have already changed, such as "not washing your hair or taking a shower, staying in bed without moving," etc., many principles are still as important as before, and moreover are actually quite effective. Aside from adjusting what food and drink one consumes based on personal physique, and avoiding labor, there are also many other taboos, including not getting caught in wind, staying away from cold water, not eating raw, cold foods, otherwise even if you don't immediately get sick, it will still be a great danger to your health later.

16

生 物 钟

Biological Clock

不用闹钟,我们也经常在一个固定的时间醒来。这就是很多人都知道的生物钟。但是我们不知道的是,我们的体重、心跳、感觉……都在随着我们的生物钟变化。

打鸣 (dǎmíng) v.
crow

　　为什么没有闹钟的铃声,人也能每天按时醒来?为什么把蜜蜂放到没有光的盒子里,它也依然知道昼夜的分别?为什么雄鸡总是在清晨打鸣,蜘蛛总在半夜结网?为什么在太阳升起来以前,树叶就已经准备好一天的工作?这就是植物、动物和人类都有的生物钟。

你一定也经常感觉到，在每天的各个时段，有时工作效率出奇地高，有时又感觉大脑莫名其妙地发"晕"。其实，这也是生物钟在起作用。科学家研究发现，人类普遍存在这样一些时间规律：

凌晨 2~4 时：身体大部分功能处于最低潮，但听觉最灵敏，稍有声响就容易惊醒。

3~4 时：人体血压低，脉搏和呼吸次数少，夜班人员最容易出错，故称为"出错时间"。

7 时：心跳加快，体温上升，血液流动加快。此时人体对疾病的免疫力最强。

8 时：记忆力不断上升。

9 时：痛觉不敏感。这时给病人打针、做手术比较适宜。

10 时：注意力和记忆力都达到高峰，此时工作效率很高。

11~12 时：身体对酒精的效果最敏感，同时吸收力也强，所以此时不宜饮酒。

13~14 时：午饭后感到头脑困倦，这是血液涌向消化系统的正常结果，最好午睡半个小时。

15~16 时：人体器官最敏感，人的手指最灵巧，是手工制作时间。

16~18 时：一天中较重要的工作报告可在此时间完成。处

效率 (xiàolǜ) *n.*
efficiency

莫名其妙
(mòmíng-qímiào)
be unable to understand
something

脉搏 (màibó) *n.*
pulsation

免疫 (miǎnyì) *v.*
have immunity against

吸收 (xīshōu) *v.*
absorb

口角 (kǒujué) *v.*
quarrel, bicker

忍耐 (rěnnài) *v.*
endure

充沛 (chōngpèi) *adj.*
plentiful

迟钝 (chídùn) *adj.*
slow witted

调节 (tiáojié) *v.*
adjust

云雀 (yúnquè) *n.*
skylark

于一天中的第二个高潮。

19 时：人体的体温最高，血压上升，情绪不稳定。一点小事就可能引起口角。

20 时：体重最重，但体力却并非最佳。

20~21 时：孤独是最难忍耐的，多为夫妻时间。

此外，人的一生中，人体的智力、情绪、体力存在三个不同的生物周期，分别为 33 天、28 天和 23 天。也就是说，智力好的时候不一定情绪和体力也好，体力差的时候不一定智力也差。如果人体这三种周期都在高峰，则表现出精力充沛，情绪乐观，记忆力、理解力强，这时是学习、工作、锻炼的大好时机，往往能够事半功倍。这个时候怀孕所生的孩子大都聪明，学生考试易取得好成绩，作家易出现灵感，运动员易破世界纪录。相反，如果这三个周期都在低潮期，会表现出耐力下降、情绪低落、反应迟钝、健忘走神，这时易出车祸和医疗事故，也难在考试中出成绩。

生物钟可以有意识地调节，但是有时候却是由基因决定的。这就是为什么有的人一直是"晚睡晚起"、睡眠时间比较长的"猫头鹰型"，有的人始终都是"早睡早起"的"云雀型"。

语言点 Language Points

1. 其实，这也是生物钟在起作用。

   "起作用"，表示某物产生效果。

   "起作用" expresses that something has produced an effect.

   (1) 由于落水时间太长，人工呼吸也不起作用，孩子的妈妈已经哭了起来。

   (2) 咖啡喝多了，就不怎么起作用了，夜里喝两杯甚至三杯咖啡还是觉得困。

> **起作用**
> play a part in, take effect

2. 这时是学习、工作、锻炼的大好时机，往往能够事半功倍。

   "事半功倍"，成语。意思是"下一半功夫，收双倍成效"，形容花的时间、力气少，但是效率高、收获多。

   "事半功倍" is an idiom. It means that by doing half the work, one can reap twice the reward. It describes that the time and energy spent is small, but the efficiency is high, and rewards many.

   (1) 无论做什么事，如果方法对了就能事半功倍；如果方法不对，就可能事倍功半。

   (2) 有些外国品牌进入中国市场后，起了一个中国人喜欢的名字，做了符合中国文化的广告，就起到了事半功倍的效果。

> **事半功倍**
> half the work, twice the effect

练 习 Exercises

1. 选择正确答案。

　　(1) 一般来说，记忆力最好的时候是在（　　）。

　　　　A. 凌晨 4 点　　　　　　　　B. 上午 10 点

　　　　C. 晚上 9 点　　　　　　　　D. 上午 8 点

　　(2) 体温最高的时候是在（　　）。

　　　　A. 晚上 7 点　　　　　　　　B. 凌晨 2 点

　　　　C. 早上 7 点　　　　　　　　D. 下午 4 点

　　(3)（　　）不适合医生工作。

　　　　A. 凌晨 4 点　　　　　　　　B. 下午 3 点

　　　　C. 晚上 6 点　　　　　　　　D. 上午 9 点

　　(4)（　　）既适合弹钢琴，又适合打字。

　　　　A. 下午 4 点　　　　　　　　B. 晚上 7 点

　　　　C. 晚上 8 点　　　　　　　　D. 中午 12 点

2. 判断正误。

　　(1) 生物钟都是由基因决定的，我们不能改变。　　　　（　　）

　　(2) 人的智力下降的时候，体力一定也在下降。　　　　（　　）

　　(3) 午饭以后工作效率比较低，但是下午效率会慢慢上升。

　　　　　　　　　　　　　　　　　　　　　　　　　　　（　　）

　　(4) 晚上 7 点，人们比较容易生气。　　　　　　　　（　　）

　　(5) "云雀型"的人比较习惯早睡。　　　　　　　　　（　　）

3. 回答问题。

　（1）你是猫头鹰型的还是云雀型的？你喜欢这样吗？

　（2）你的生物钟经常发挥作用吗？

小知识　Cultural Tips

一日之计在于晨

An Hour in the Morning Is Worth Two in the Evening

汉语中，有很多关于时间的句子。

"一寸光阴一寸金，寸金难买寸光阴"是告诉大家时间比黄金更宝贵。"明日复明日，明日何其多，我生待明日，万事成蹉跎"则是说，如果你把什么事情都推到明天再做，那你就什么事也做不成。"一年之计在于春，一日之计在于晨"是中国人千百年来总结出来的一条经验，它强调了要在一年（或一天）开始时定好计划和安排，为全年（或全天）的工作打好基础。同时，人们还将人的年轻时期称为"青春"，歌颂春的创造力，强调春的宝贵，希望年轻人能抓紧生命中的春天，免得"少壮不努力，老大徒伤悲"。

In Chinese, there are many sentences that deal with time. "Time is to be treasured" and "Money can't buy you time" tell everyone that time is more precious than gold. "Tomorrow after tomorrow, how many tomorrows? My whole life spent waiting for tomorrow, nothing can be accomplished." This means that if you always tell yourself "I'll do it tomorrow," you will not accomplish anything. "The year's plan is in spring, the day's plan is in the morning" is summarized from many years of Chinese experience, emphasizing the fact that one must make their plan for the year (or day) at the beginning, to make a good foundation for the rest of the year (or day). At the same time, people refer to people's youth as *qingchun*, which praises the spring for creativity, and emphasizes the value of spring, hoping that the youth can grasp the spring of their lives, and avoid "Laziness in youth spelling regret in old age."

17

Gǎn'ēn de xīn

感恩的心

A Grateful Heart

一位老华侨想帮助家乡几个贫穷的孩子上学，但是他坚持要选"值得帮助"的人。 什么样的孩子才是"值得帮助"的？是学习好的？还是懂得感恩的？

南洋 (Nányáng) *n.*
Southeast Asia

老人是南洋华侨，在海外辛苦半生，尝遍了人生酸甜苦辣，历经了失败成功，不断地跌倒爬起……终于能够回到故土，幸福地度过晚年。和许许多多的华人华侨一样，老人希望能为家乡做点事情，特别是为家乡的孩子、教育尽点心意。

于是，老人分别给家乡几所学校的校长写了信，希望每个

108

校长能提供十来个学生的姓名和地址。他要从中选定一些孩子，作为他长期资助的对象。

家人实在觉得有点儿麻烦，甚至觉得有点儿不可思议。既然是无偿资助，为什么要把事情弄得这么复杂？不如直接来个最省事的方法，通过银行给家乡的学校汇一笔钱即可。或者通过政府的"希望工程"、"春蕾计划"来资助，相信孩子们能尽快得到帮助，自己也能在最短的时间内完成做好事的愿望，岂不是更好？

老人却摇摇头说："我的血汗钱来之不易，只给那些配得到它的孩子。"家人你看看我，我看看你——老人觉得哪些孩子才有资格得到资助？是那些家庭特别贫困的孩子，还是优秀生、三好生、特长生？谁也不知道老人心里的答案。

名单很快就到了老人手里。老人让家人买来了许多书，一一包装好，准备寄给名单上的孩子。家人面面相觑，心中都很纳闷：难道这就是老人的全部资助？只送几本书是不是又太少了一点儿？

老人的小儿子还以为书里夹了钱，可找来找去也只是在书的第一页看到了老人的亲笔留言：赠给品学兼优的学生。落款处是老人的姓名、地址、电话和电子信箱。虽然家人非常不解，

资助 (zīzhù) *v.*
subsidize

无偿 (wúcháng) *adj.*
free, no charge

省事 (shěngshì) *adj.*
convenient

希望工程
(Xīwàng gōngchéng)
Project Hope

春蕾计划
(Chūnlěi jìhuà)
Spring Bud Project

血汗钱 (xuèhànqián)
money earned from
hard toil

资格 (zīgé) *n.*
qualification

纳闷 (nàmèn) *v.*
be puzzled

品学兼优
(pǐnxué-jiānyōu)
excelling in both
morals and studies

落款 (luòkuǎn) *v.*
write the names of
the sender (on a book,
letter, gift, etc.)

贺卡 (hèkǎ) *n.*
greeting card

荒芜 (huāngwú) *adj.*
barren

冷漠 (lěngmò) *adj.*
cold and detached

缕 (lǚ) *m.*
thread

但是谁也不愿违背老人的意思。在家人的帮助下，老人的礼物很快一一寄了出去。

秋去冬来，老人有时对着电话发呆，有时莫名其妙地看着信箱叹气。新年的一张贺卡终于让家人读懂了老人的心。上面写着：感谢您给我寄来的书，虽然我不认识您，但我会记着您。祝您新年快乐！

没想到老人竟然兴奋地大呼小叫："有回音了！有回音了！终于找到一个可资助的孩子！"

家人恍然大悟，终于明白了老人这些日子沉默少言的原因，他寄出去的书原来是一次特殊的"考试"，只有能对陌生人的帮助心存感激的孩子，才能得到"满分"，才会有资格得到他的资助。

土地失去水分，会变成沙漠；人心没有感激，会变得荒芜；不知感恩的人，注定是个冷漠自私的人，不会关爱别人。纵然给他爱和阳光，日后也不会发出自身的能量，不会用自己的光和热照亮别人、温暖别人。

的确，没有一种帮助是理所应当的。对于所有的帮助，都应该心存感激。一朵花会因为一缕春风而开放，一个春天也会因为这一朵花的美丽而格外灿烂。

语言点 Language Points

1. ……，相信孩子们能尽快得到帮助，自己也能在最短的时间内完成做好事的愿望，**岂**不是更好？

   "岂"，副词。是"难道"的意思，表示反问。

   "岂"， is an adverb. It means "is it possible that", and is used in rhetorical questions.

   (1) 我的血汗钱来之不易，岂能随便给人？

   (2) 很多公司天天在电视上做广告，却从来不研究消费者的文化、习惯，岂不是浪费时间和金钱吗？

岂
how can it be that

2. 家人**面面相觑**，心中都很纳闷：难道这就是老人的全部资助？只送几本书是不是又太少了一点儿？

   "面面相觑"，成语。意思是"你看看我，我看看你，谁都不出声"，形容觉得奇怪、吃惊、不知道该怎么办。

   "面面相觑" is an idiom. It means "you look at me, I look at you, and neither makes a sound" and describes feeling strange, surprised, and not knowing what to do.

   (1) 虽然我们都学了很长时间汉语，但是有一次听广东人说话，我们还是面面相觑，谁也听不懂。

   (2) 已经八点零五分了，上课铃还是没有响，大家面面相觑，都觉得奇怪。

面面相觑
look at each other,
not knowing what
to do

3. 家人**恍然大悟**，终于明白了老人这些日子沉默少言的原因。

   "恍然大悟"，成语。意思是"突然醒悟，忽然一下子全明白了"。

   "恍然大悟" is an idiom. It means to suddenly come to realize, to suddenly at once understand it all.

   (1) 这件事我想了很久，多亏了你的指点，才恍然大悟。

   (2) 来中国好久以后，我才恍然大悟，服务员上菜时说的"请慢用"不是真的让我慢点儿吃，而是一种礼貌。

恍然大悟
suddenly realize

练习 Exercises

1. 选择划线词语的意思。

(1) 老人却摇摇头说："我的血汗钱来之不易，只给那些<u>配</u>得到他的孩子。"
（　　）

　　A. 配合　　　B. 愿意　　　C. 有资格　　　D. 有能力

(2) 儿子在书的第一页看到了老人的亲笔留言：<u>赠</u>给品学兼优的学生。
（　　）

　　A. 送　　　B. 只　　　C. 寄　　　D. 汇

(3) 冷漠自私的人，不会关爱别人。<u>纵然</u>给他爱和阳光，日后也不会发出自身的能量，不会用自己的光和热照亮别人、温暖别人。（　　）

　　A. 与其　　　B. 宁可　　　C. 假如　　　D. 即使

(4) 没有一种帮助是<u>理所应当</u>的。对于所有的帮助，都应该心存感激。
（　　）

　　A. 你应该接受的　　　　　B. 有道理的

　　C. 有理由的　　　　　　　D. 别人应该给你的

2. 判断正误。

(1) 老人一直生活在中国，年轻时工作很辛苦。　　　　　　　　（　　）

(2) 家乡的一些学校里，有些孩子生活很困难，需要资助。　　（　　）

(3) 别人都认为直接给学校或者政府汇款就可以了，不明白为什么要送书。　　　　　　　　　　　　　　　　　　　　　　　　　（　　）

(4) 老人在每本书里都夹了一封信，写了几句话。　　　　　　（　　）

(5) 最后得到老人资助的只有一个孩子。　　　　　　　　　　（　　）

3. 回答问题。

    （1）你赞成老人的这种做法吗？为什么？

    （2）你是否得到过别人的巨大帮助，或者给予过别人很大帮助？

        你是怎么做的？

小知识 Cultural Tips

中国的社会助学
China's Social Aid for Students

中国实行的是小学和初中的九年义务教育，但在很多贫困的农村地区，还有很多孩子需要得到社会的帮助才能进入学校。中国在 1989 年开始实施"希望工程"，全国上下、海外华侨和国际友人，都可以向"希望工程"捐款，这些钱被用来帮助经济困难的学生、建设贫困地区的中小学。

由于传统习俗的影响，在部分地区，女孩子更容易失去上学的机会。所以，中国还有一个"春蕾计划"，专门帮助贫困地区的女孩子回到校园。"春"就是春天，"蕾"是还没有开的花。这些小女孩儿就像还没有开放的花儿，也应该拥有美丽的春天。

Nine years of education through elementary and middle school has been made mandatory in China, but in many of the poor rural areas, there are many children who need the help from society in order to get into school. In 1989, China started the Hope Project, allowing the entire country, overseas Chinese, and international friends to donate, and this money will be used to help economically challenged students, and establish schools in poor districts.

Due to the influence of traditional customs in some regions, girls find it harder to get the opportunity to go to school. Therefore, China has another program called the Spring Bud Project (*chun lei*) specially designed to help get girls in the poor districts back into school. "*Chun*" represents the season spring, "*lei*" depicts a flower that has not yet blossomed. These girls are just like buds that have yet to blossom, and should also have their own beautiful spring.

Zuì měi

最美

The Most Beautiful

大城市的"我"来到了一个大山里的贫穷村子，却看到了最美的衣服和最美的心。

摇摇欲坠
(yáoyáo-yùzhuì)
tottering, toppling

那一年我去了大山深处一个非常贫困、几乎与世隔绝的小村子，调查那里的教育情况。正赶上那里的一个老师生病，我便代他上了一个月的课。学校只是一间摇摇欲坠的土房，学生也只有十几个。

村长让我吃"派饭"，就是每天去村子里一户人家吃饭，第二天再换一家吃。我知道每一家都很穷，便跟村长说他们吃什么我就吃什么。我去的第一家姓张，他们家有个孩子在我代课的班上读书。家里住的是一间小小的石头房，院子里打扫得干干净净，推门进屋，屋里的墙是用报纸新糊的，地面也是一尘不染。炕上坐着一位老奶奶，我的学生张梅告诉我那是她奶奶，在外屋忙着做饭的是她妈妈，她爸爸则有些拘谨地冲我不停地笑着。

吃饭的时候，虽说有话在先，可他们还是单独为我做了一些好吃的——炒鸡蛋和白面油饼，我猜这也许是他们家最好的东西了。我还发现张梅的妈妈和奶奶都穿着一身很怪的衣服，红的衣裤，上面点缀着几朵各种颜色的花。见我注意她们的衣服，张梅问我："老师，我奶奶和我妈妈的衣服好看吗？"我点点头说："真好看。"他们全笑了。

吃过饭后，天已渐晚，张梅的爸爸非让我喝了茶再走。这也不知是多少年前的茶叶了，有一种怪怪的味道，可我还是喝了两杯。我离开他们家的时候已是星斗满天。张梅送我回学校，路上她忽然又问我："老师，我奶奶和妈妈的衣服好看吗？"没等我回答，她接着说："那是她们结婚时穿的衣服。我们这里

糊 (hú) *v.*
stick or plaster with paste

拘谨 (jūjǐn) *adj.*
reserved, overcautious

点缀 (diǎnzhuì) *v.*
embellish

星斗 (xīngdǒu) *n.*
stars

染 (rǎn) *v.*
dye

绣 (xiù) *v.*
embroider

媳妇 (xífù) *n.*
daughter in law, young
married woman

磨 (mó) *v.*
rub

果然 (guǒrán) *adv.*
really, sure enough

感慨 (gǎnkǎi) *v.*
sigh with emotion

黯淡 (àndàn) *adj.*
dim

弥补 (míbǔ) *v.*
make up for

穷，姑娘没出门的时候就买来便宜的白布，然后用我们这里山上特有的一种红草把布染成红色，再做成衣服，就是结婚的新衣了。"我问："为什么还绣上那些花儿呢？"张梅说："那是后来绣上去的。我们这里的女人对这种嫁衣很喜爱，不常穿，只是到了过年过节或者家里来了重要的客人时才穿，不管是老太太还是新媳妇都这样。虽然穿的次数少，可年头多了总会有磨破的地方，于是她们就在破的地方用彩线绣上花，你刚才看到了，我奶奶衣服上的花就比我妈衣服上的花多！"

果然，那一个月里，无论我去哪家吃饭，家里的女人们都穿上她们的嫁衣，这让我感慨不已。离开的时候，我站在山顶回头望向这个小山村，把真诚的祝福留在了这里。虽然贫穷，可这里的人仍能对生活露出最美的笑容，用一颗最美的心去照亮生活的黯淡，就像用美丽的绣花去弥补嫁衣上的破痕。

我知道他们终会走出贫穷，因为他们有颗热爱生活的火热的心。

语言点 Language Points

1. 那一年我去了大山深处一个非常贫困、几乎与世隔绝的小村子。

   "与世隔绝"，成语。意思是和现在的社会不发生联系。

   "与世隔绝" is an idiom. It means not to communicate with the current society.

   （1）人不能离开这个社会，特别是在儿童时期，如果长期与世隔绝，甚至会变得头脑不正常。

   （2）在这片与世隔绝的沙漠里，一直只有动物，没有人类。

   > 与世隔绝
   > seclude from the world

2. 家里住的是一间小小的石头房，院子里打扫得干干净净，推门进屋，屋里的墙是用报纸新糊的，地面也是一尘不染。

   "一尘不染"，成语。形容非常干净清洁，没有受到一点儿污染。

   "一尘不染" is an idiom. It describes something that is extremely clean, without even the slightest bit of contamination.

   （1）这座海滨小城安静而又美丽，整洁的街道几乎一尘不染，每年都吸引着大量游客。

   （2）爱干净的妈妈每天都把家里打扫得一尘不染，即使是生病时也不例外。

   > 一尘不染
   > untainted by even a speck of dust

3. 果然，那一个月里，无论我去哪家吃饭，家里的女人们都穿上她们的嫁衣，这让我感慨不已。

   "已"，动词，表示停止。"……不已"表示不停地做某事。

   "已" is a verb. It means to stop or cease. "……不已" expresses to incessantly do something.

   （1）第一次来中国，砍价、问路、请客……很多事情都让我惊奇不已。

   （2）赛场上，观众们兴奋不已，不停地挥动着双手，大声为运动员加油。

   > 不已
   > endlessly

练习 Exercises

1. 选择正确答案。

    (1) 为什么张梅家的茶叶有怪味道，我还是喝了两杯？（　　）

    (2) 张梅的妈妈和奶奶为什么要穿自己的嫁衣？　　　（　　）

    (3) 在"我们这里穷，姑娘没出门时就买来便宜的白布"中，"没

        出门"是什么意思？　　　　　　　　　　　　　（　　）

    (4) 我为什么要"跟村长说他们吃什么我就吃什么"？（　　）

        A. 不希望增加贫穷人家的困难。

        B. 还没有结婚、嫁人的时候。

        C. 城里来的老师是他们的重要客人。

        D. 为了感谢他们，也为了他们的自尊。

2. 排列顺序。

    A. 那里的老师病了，我帮他代课。　　　　　　　　（　　）

    B. 我去了学生张梅家里。　　　　　　　　　　　　（　　）

    C. 我看到了奇怪的红色衣服。　　　　　　　　　　（　　）

    D. 我去一个贫穷的山村调查教育情况。　　　　　　（　　）

    E. 张梅送我回去，和我聊天。　　　　　　　　　　（　　）

    F. 村长安排我每天换一家吃饭。　　　　　　　　　（　　）

    G. 离开时，我祝福这些"美丽"的人。　　　　　　（　　）

3. 回答问题。

　　（1）从哪些地方可以看出这个山村里的人很热爱生活？

　　（2）短文中的"我"是一个怎样的人？

　　（3）你去过中国的哪些地方？这些地方的发达程度差异大吗？

小知识 Cultural Tips

中国的农村
Chinese Rural Areas

　　中国农村的面积占中国面积的 90% 以上，人口占总人口的 70% 以上，主要以家庭为基本生产单位。占全中国国土面积 1/6 的新疆是农村土地面积最大的省区，而四川则是中国农村人口最多的省。目前不少农村和城市还存在着较大的差异，改变这种差异、实现共同富裕、建立和谐社会是当今中国的重要任务。

　　The Chinese countryside accounts for over 90% of the total surface area of the country, and over 70% of the total population, and mainly relies on the household as the basic unit of production. Xinjiang encompasses 1/6 of the total area of the country, and is the province with the largest rural area. Sichuan is the province with the most rural residents. Currently many of the rural areas and cities have huge differences, and in order to change these kinds of differences, achieve common prosperity, and create a harmonious society is one of the biggest tasks facing China today.

练习答案
Answer Keys

第1课

1. 选择正确答案。

(1) B　　(2) D　　(3) D　　(4) A

2. 根据课文内容，完成表格。

	在中国	在你的国家
理发的价钱和服务	价钱：便宜 服务：可以免费按摩一会儿肩膀和脖子	不设参考答案学生根据自己国家情况填写，下同。
床单、被子、枕头	夏天睡竹子做的凉席 枕头里塞了荞麦皮，软硬适度，冬暖夏凉，睡在上面很舒服。 清早起床，把被子叠起来放在床的另一头。	
皮肤	一般都觉得皮肤越白越漂亮，所以女孩子非常怕晒黑。	
吃午饭	比较重视	
骑自行车	自行车是普通的交通工具，戴头盔骑车就显得太专业了，有点好笑。	
周末的商店	周末是商店赚钱的黄金时间	
表达6到10的数字时	用一只手就足够了	
写字	用左手的人很少	

3. 回答问题。

开放式问题不设答案。

第2课

1. 选择划线词语的意思。

(1) C　　(2) A　　(3) B

2. 根据课文内容，完成表格。

北京四合院的发展变化情况	
明清时期	形成
清朝	都是一家人住在一套四合院里
新中国成立前	北京的传统住宅发生了很大变化，居民的住房越来越少，四合院里的房客越来越多，很多独门独户的四合院开始变成不同人家聚居的大杂院。
1949年后	由于很多清朝遗留下来的四合院从私人财产变为公共财产，一套四合院里的房子被分给许多家庭，四合院被分割、改建成了普遍现象。
改革开放以后	古老的四合院在不知不觉中渐渐消失，代替它们的是一幢又一幢现代化的楼房。

现在	四合院是拆还是留，已经成为一个无法忽视的问题。
	作者认为： 四合院是文明古都北京的重要组成部分 四合院对保存北京的历史文化、民族传统、自我个性、地方特色、人文价值都有很大价值，所以应该留下。 我认为：开放式问题不设答案。

3. 回答问题。
开放式问题不设答案。

第3课
1. 选择正确答案。
（1）A　　（2）C　　（3）B
2. 根据课文，下面三种人分别适合什么工作?
（1）B　　（2）A　　（3）C
3. 回答问题。
开放式问题不设答案。

第4课
1. 用简单的句子，总结下面这几类人的特点。

月光族	每个月挣多少，花多少。到了月底，一个月的工资也花光了。
房奴	为了买房子，向银行贷款几十万。每个月工资的30%到50%用来还贷款，还款时间少则十年，多则三十年。为了有稳定的收入还贷，不敢换工作，更怕失去工作。压力很大。
啃老族	已经到了独立的年龄，却仍然伸手向父母要钱。

2. 选择正确答案。
（1）B　　（2）A　　（3）C　　（4）A
3. 回答问题。
开放式问题不设答案。

第5课
1. 按时间顺序写出事情的发生、发展、问题和结果，尽量使用新词。
（1）发生——杨立在克里斯托镇 拾金不昧，把捡到的钱包送到了镇政府，然后连名字都没有留下就悄悄离开了。
　　原因——根据"东方式思维"，他认为：做好事，应该不留名。
（2）发展——杨立离开，小镇居民却 到处打听他的下落。
　　原因—— 一直以来，小镇对拾金不昧者都有奖励。
（3）发展——杨立继续旅行。警察们到处找杨立。

难找的原因—— 杨立只是经过这个小镇，镇上的人只知道他是要沿莱茵河旅行，连具体的方向都不清楚。

寻找的方法—— 警局只好把杨立的相貌做成拼图传给河两岸十多个城镇的警局，用了百余名警力辛苦寻找。

（4）矛盾——杨立和克里斯托镇的镇长通电话。

镇长态度—— 先欣喜后 开始严肃地解释 ，因为 杨立想都不想，就要推辞那笔奖金。

杨立态度——感动但是 不太理解 ，因为 他认为，既然自己都已经离开，就没必要这么辛苦地找他了。如果不找的话，就能替小镇省下奖金了。

（5）结果

杨立 终于回到了克里斯托。小镇镇长把奖金、奖章亲手交给了他。

镇长总结 无论是西方式的"坚持留下好人的名字"，还是东方式的"悄悄离开"，都是在"做好事"。

2. 回答问题。

开放式问题不设答案。

第 6 课

1. 用自己的话总结短文中的"传统观点"和"实际情况"。

错误原因	动物	观点对比	
		传统观点	实际情况
影视作品影响	老鼠	喜欢吃奶酪	喜欢吃甜的。除非饿坏了才吃奶酪。
	狼	狼喜欢对着月亮叫	狼叫和月亮没有关系。
文学作品影响	兔子	三月，兔子们开始"恋爱""结婚"，变得非常疯狂。	这样的情况不仅发生在三月，二月和九月也一样会发生。
传说故事影响	大象	大象怕老鼠	大象都见惯了老鼠，根本不怕。只有遇到特别不熟悉的情景和声音才会害怕。
研究不全面	鲨鱼	鲨鱼从不睡觉	它们在静止不动时可以呼吸，不用大脑也可以无意识地游泳。因为鱼没有眼皮，所以我们无法判断鲨鱼是否在睡觉。
	猫	不会游泳	从小猫时期就让其接触水的话，它们会非常喜欢游泳。有些野生猫甚至被称为"游泳猫"。
情感原因	海豚	很聪明	它们只是比较容易和人接近，所以能学会很多别的动物不愿意做的事情。

2. 回答问题。

开放式问题不设答案。

第 7 课

1. 回答问题。

（1）爱情、友情、亲情。 （2）开放式问题不设答案。 （3）没有水、没有大气，昼夜温差巨大。不可能有任何生命存在。

2. 选择正确答案。

(1) C　　(2) D　　(3) C

3. 根据短文解释以下名词。

农历	中国古代根据月亮的变化而制定的传统历法。 由于月亮在古代又叫"太阴"，所以这种历法又叫阴历。
嫦娥和后羿	后羿是中国古代传说中的神射手，嫦娥是他的妻子。 后羿外出时，嫦娥为了躲避敌人吃了能飞上天的仙药，独自一人飞到了月亮上，成为了月亮上的仙女。 也有一种说法是因为他们的婚姻不幸福，嫦娥才偷吃仙药离开了后羿。
中秋节	可能源于后羿和人们对嫦娥的思念。
阿波罗11号	美国的一艘飞船，首次带着两位宇航员登上了月球。
嫦娥一号	中国的首颗探月卫星。

第 8 课

1. 判断正误。

(1) ×　　(2) √　　(3) √　　(4) ×　　(5) √　　(6) ×

2. 选词填空。

嫁　姑爷　相亲　尴尬　颇

3. 回答问题。

开放式问题不设答案。

第 9 课

1. 选择正确答案。

(1) D　　(2) A　　(3) B　　(4) B

2. 选择划线词语的意思并连线。

(1) 新中国政府向莫斯科赠送了一只大熊猫，象征着两国人民的深厚友谊。　　　　　　一辈子
(2) 美国两家动物园希望"以货币或动物交换一对大熊猫"。　　　　　　　　　　　　变坏
(3) 英国、荷兰等国也向中国提出了类似的请求。　　　　　　　　　　　　　　　　代表
(4) 那些得不到熊猫的人们并没有遗憾终身。　　　　　　　　　　　　　　　　　　差不多
(5) 现在，大熊猫的栖息地环境正不断恶化。　　　　　　　　　　　　　　　　　　钱

3. 回答问题。

开放式问题不设答案。

第 10 课

1. 回答问题。

(1) 告诉丈夫，她怀孕了。　　(2) 不停地安慰和鼓励妻子，使她相信自己还能挪开石块过来救她。用录音笔录音，在自己生命的最后开始播放录音，让妻子不失去求生的希望和勇气。　　(3) 情歌、对他们未来美好生活的描述。

2. 选词填空。

　　繁忙　　赌气　　倒塌　　微弱　　眼前一亮　　录音笔

3. 选择划线词语的意思并连线。

(1) 珊德拉只听见隔壁的雷米大声叫她赶紧钻到床底下去　　　　　　　　死后的身体
(2) 她对自己能否活着从废墟里爬出去不抱任何希望。　　　　　　　　　墙另一边的房间
(3) 他们发现的只是雷米由于身受重伤已经僵硬的尸体。　　　　　　　　小、不清楚
(4) 废墟里有一只已经工作了四五个小时、声音十分微弱的录音笔……　　怀有

第 11 课

1. 判断正误。

(1) ✓　　(2) ✓　　(3) ✓　　(4) ✗　　(5) ✗

2. 根据课文内容，完成表格。

奥运会	选手	比赛项目	赛场故事
1896年首届	博兰	网球	热爱网球，随身携带球拍。被赛场气氛感染，现场报名，获得冠军。
	加勒特	铁饼	自己做了一个铁饼，并按照《掷铁饼者》的姿势随便练了几下就仓促参加了比赛。没想到比赛用的铁饼比自己做的那个轻多了。意外地获得了冠军。
	弗拉明	自行车	一直领先，却特意停下来帮希腊选手修车，最后还是获得了冠军。
1932年第10届	希莉迪德里克森	跳高	两人一直互相鼓励，互相学习。奥运会结束后，把各自的奖牌切开，各留一半，作为两人友谊第一、比赛第二的永久纪念。
1956年第16届	杜马	跳高	由于以前成绩不太好，没有得到教练的注意。比赛前找不到教练，只好自己买了一张门票进入赛场。没做准备活动就直接投入比赛。最后竟夺得了冠军，并打破了世界纪录。
1968年第19届	美国游泳队	游泳	美国游泳队的选手都把自己的奖牌挂到教练胸前，并把他扔进了游泳池，险些使他丧命。从此，这位教练只要看到队员们获胜，就马上悄悄藏起来。

3. 回答问题。

开放式问题不设答案。

第 12 课

1. 根据课文内容，完成表格。

年龄	关心的焦点	原因	具体想法
8岁	人鱼公主应该去上学，学写字	那时的作者刚刚上学、学会写字	人鱼公主应该很快就能学会陆地的文字。只要把那天的故事讲给王子就能真相大白了。
18岁	人鱼公主的爱情	作者自己也到了谈恋爱的年纪	原来人鱼公主所做的一切都是因为不求回报的爱。
28岁	人鱼公主的家人	作者已经做了妈妈	人鱼公主的母亲一定很不放心孩子。祖母的勇气和善良一定深深影响了人鱼公主。
38岁	探讨安徒生的写作	作者也开始写小说	认为这个结尾可能有点画蛇添足，有点沉重。

2. 判断正误。

(1) ✓　　(2) ✗　　(3) ✗　　(4) ✓　　(5) ✓

3. 选词填空。

　　去世　　年迈　　陆地　　聪慧　　含情脉脉　　真相大白

第 13 课

1. 判断正误。
(1) ✓ (2) ✗ (3) ✗ (4) ✓ (5) ✓

2. 排列顺序。
A.（4） B.（6） C.（7） D.（2） E.（5） F.（1） G.（3）

3. 回答问题。
(1) 为了支付他的医药费，父亲放弃了自己热爱的事业，改做别的工作。当他想建立骨髓库时，父母拿出了 50000 元，用于检测前 100 个捐献者。 (2) 开放式问题不设答案。 (3) 开放式问题不设答案。

第 14 课

1. 确定下面每句话的说话人并连线。
　　(1)"别人怎么看，我们左右不了，但我怎么生活，是我自己的事。"　　　　　　　A. 伏明霞
　　(2)"她可能前一天叫嚷着再也不练了，第二天早晨一到 6 点，照样起床、训练。"
　　(3)"不管你是谁，辉煌之外，你总要回到生活中吧。生活才是最真实的。"　　　　B. 伏明霞父亲
　　(4)"当时条件很艰苦。一间大房子里，拉个帘子，一边住男生，一边住女生。因为水里漂白粉重，天天在水里，头发都泡黄了。"　　　　　　　　　　C. 伏明霞的教练

2. 根据课文内容，完成表格。

年龄	人生经历
7岁	开始练习体操
被体操教练放弃以后	改学跳水
1989年	进入国家队，远离父母开始接受更加严酷的训练。
1992年	摘得巴塞罗那奥运会的10米跳台桂冠。成为第一个登上《时代》周刊封面的中国运动员。
1996年	世界再次为她所倾倒，她成为中国唯一一个跳台、跳板双料奥运冠军。
1997年	厌倦了强制训练，所以退役，到清华大学读书。
1998年	艰难地再次开始严酷的训练
2000年	拿下了第四枚奥运金牌。再次登上了《时代》周刊的封面。
2002年3月	香港财政司司长梁锦松向媒体证实：他和伏明霞准备一年内结婚。
2002年7月	和梁锦松结婚，引起了轰动。
现在	已经是三个孩子的母亲，相夫教子，深居简出。

3. 回答问题。
开放式问题不设答案。

第 15 课

1. 选择正确答案。
(1) B (2) D (3) A (4) A

2. 判断正误。
(1) √ (2) × (3) × (4) × (5) √
3. 回答问题。
(1) 2007 年。 (2) 开放式问题不设答案。 (3) 开放式问题不设答案。

第 16 课
1. 选择正确答案。
(1) B (2) A (3) A (4) A
2. 判断正误。
(1) × (2) × (3) √ (4) √ (5) √
3. 回答问题。
开放式问题不设答案。

第 17 课
1. 选择划线词语的意思。
(1) C (2) A (3) D (4) D
2. 判断正误。
(1) × (2) √ (3) √ (4) × (5) √
3. 回答问题。
开放式问题不设答案。

第 18 课
1. 选择正确答案。
(1) D (2) C (3) B (4) A
2. 排列顺序。
A. (2) B. (4) C. (5) D. (1) E. (6) F. (3) G. (7)
3. 回答问题。
开放式问题不设答案。

声 明

　　本书所采用的语料，大多来自报刊、杂志、网络。根据本书的特点和需要，我们对所选材料进行了删节和改编。因时间紧迫，部分作者尚未联系上，请作者主动与我们联系，我们将按著作权法有关规定支付稿酬。在此，我们谨对原文作者表示感谢。